U0806597

电子商务与供应链管理

周火梅　余　瑶　李炳秀　◇著

中国商业出版社

图书在版编目（CIP）数据

电子商务与供应链管理 / 周火梅，余瑶，李炳秀著.
北京 : 中国商业出版社，2024. 9. -- ISBN 978-7-5208-3038-6

Ⅰ. F713.36；F252.1

中国国家版本馆 CIP 数据核字第 2024BZ3846 号

责任编辑：王　彦

中国商业出版社出版发行

（www.zgsycb.com　100053　北京广安门内报国寺 1 号）

总编室：010-63180647　编辑室：010-63033100

发行部：010-83120835 / 8286

新华书店经销

廊坊市博林印务有限公司印刷

*

710 毫米 ×1000 毫米　16 开　12.5 印张　208 千字

2024 年 9 月第 1 版　2024 年 9 月第 1 次印刷

定价：58.00 元

* * * *

（如有印装质量问题可更换）

作者简介

周火梅，女，现就职于共青科技职业学院，高级讲师。毕业于江西财经大学国际商务专业，硕士研究生学历，主要研究方向为跨境电商。先后在《职教论坛》《广东蚕业》等期刊上发表多篇论文，获得第十一届全国市场营销大赛策划案单项赛三等奖、第三届全国跨境电商技能大赛三等奖、“典阅杯”第二届跨境电商创新创业挑战赛二等奖、全国商业精英挑战赛“致教杯”跨境电商创新创业实践大赛二等奖、2022 年省级教学能力大赛高职组二等奖等荣誉奖项。

余瑶，女，现就职于共青科技职业学院，助教。毕业于云南财经职业学院政法学院社会工作专业，硕士研究生学历，主要研究方向为国内电子商务 B2B 相关内容。

李炳秀，女，现就职于共青科技职业学院，助教。本科毕业于井冈山大学国际经济与贸易专业，目前为井冈山大学在读硕士研究生，主要研究方向为电子商务以及物流。任教期间，发表论文 1 篇，主持市级课题 1 项，参与市级课题 2 项，参与发表专利 1 项，获教学能力比赛校级一等奖。

前　言

电子商务与供应链管理在现代商业中扮演着至关重要的角色，它们的紧密结合不仅提高了企业的运营效率，也为消费者带来了更为便捷、高效的购物体验。

本书深入探讨了电子商务对供应链管理的影响及二者之间的紧密联系。首先，从电子商务的基本概念出发，详细分析了电子市场、消费者行为，以及电子商务环境下的订单、库存、物流与配送管理等方面的挑战与策略。其次，着重讨论了供应链透明度、风险管理和供应链协作等关键议题，揭示了电子商务时代供应链管理的核心要素。最后，展望了电子商务影响下的未来供应链的发展趋势，为供应链管理领域的从业者和研究者提供了宝贵的参考。

本书是理解电子商务与供应链管理交融共进，把握未来商业趋势的重要指南。未来，随着技术的不断进步和市场的不断变化，电子商务与供应链管理将继续深化融合，共同推动商业模式的创新和发展。

目　录

第1章

电子商务概念与供应链的结合

随着信息技术的迅猛发展和互联网的普及，电子商务以其独特的优势正在改变着传统商业的运作方式。它不仅为消费者提供了更加便捷、高效的购物体验，也为企业提供了更广阔的市场和更多的商业机会。而供应链作为商业活动中不可或缺的一环，与电子商务的结合更是带来了全新的变革和可能，它的基本特征是全球化、高效性、个性化、互动性和低成本等。这些特征使得电子商务在商业模式、市场竞争和消费者行为等方面都展现出了独特的优势。而供应链则负责将产品从供应商传递到最终消费者手中，是商业活动中至关重要的环节。在电子商务的背景下，供应链的角色和运作方式也发生了深刻的变化。

在电子商务中，供应链不仅是连接供应商和消费者的桥梁，更是实现商业价值的关键所在。通过优化供应链管理，企业可以降低成本、提高效率、提升服务质量，从而赢得市场竞争的优势。同时，电子商务也为供应链管理提供了更多的技术手段和数据支持，使得供应链的管理更加智能化、精准化。因此，研究电子商务与供应链的结合，对于推动商业模式的创新、提升企业的竞争力、促进经济的发展都具有重要意义。本书将围绕电子商务的基本特征和供应链在电子商务中的角色展开探讨，以期让读者有深入的理解并从中得到有益的启示。

电子商务的基本特征

一、电子商务的概念

电子商务又称网络商务或电子商业，是一种基于信息和通信技术进行的商业活动形式。它涵盖了各类商业交易，包括消费者到消费者、企业到消费者、企业到企业、政府到消费者和政府到企业等各种类型的交易形式。电子商务是借助于电子设备，如电脑、手机等，通过互联网来实现商品或服务的搜索、对比、购买、支付及后期的服务跟进等商业活动。

随着全球化和数字化进程的日益加速，电子商务作为21世纪的创新商业模式，正在全球范围内迅速扩展。以互联网技术为基础的电子商务，通过信息的实时共享和资源的高效配置，大大提高了商业活动的效率，改变了传统的交易模式，对全球商业结构产生了深远影响。电子商务以其高效性、便捷性、灵活性，正在改变着消费者的消费习惯、企业的经营模式，甚至是整个社会的运行方式。特别是在近几年，随着大数据、云计算、人工智能等新一代信息技术的飞速发展，电子商务的影响力更是达到了前所未有的程度。然而，尽管电子商务的发展带来了诸多便利和机遇，但也给经济、社会、法律、文化等多个领域带来了挑战和问题。尤其是对于区域经济的发展，电子商务无疑产生了重大影响。因此，准确地评估电子商务对区域经济的影响，以及如何通过优化电子商务的发展策略促进区域经济的健康发展，成为当前经济研究的重要话题。因此，本书基于电子商务的发展特点，分析其对区域经济的影响，并探讨如何在电子商务的发展中优化区域经济的结构，提升区域经济的发展水平，以实现经济的可持续发展。电子商务作为一种新型的商业活动模式，在全球范围内发展迅速，深深地改变了人们的生活方式，也给传统的商业模式和经济发展模式带来了巨大的影响。电子商务的发展不仅可以提高市场运行的效率，促进经济的增长，而且有助于区域经济的优化与升级，包括经济结构的调整、产业的升级、经济发展模式的创新等。因此，本书研究电子商务发展对区域经济的影响，希望可以揭示其发展规律，为相关政策的制定提供理论支持。

二、电子商务的特征

电子商务作为一种新型的商业形态，具有一系列显著的基本特征。它超越了时间和空间的限制，使得全球范围内的生产者、流通者、消费者和政府都能参与到这一交易模式中，共同构建一个网络经济、数字化生存的新天地。电子商务体现了便捷性。消费者和企业都可以通过网络随时随地进行交易活动，无论是购物、支付还是信息查询，都变得更加便捷高效。这种方便性不仅提高了消费者的购物体验，也为企业提供了更广阔的市场。同时电子商务还具有整体性，它要求将整个交易流程，包括订单处理、支付、物流等环节都纳入一个统一的系统中，实现信息的共享和协同处理。这种整体性有助于提高交易的效率和准确性，降低运营成本。安全性是电子商务的另一个重要特征。由于电子商务涉及大量的资金和信息流动，因此必须采取一系列安全措施来保障交易的安全可靠，包括数据加密、身份验证、防火墙等技术手段的应用，以及相关法律法规的制定和执行。最后，电子商务还具有协调性。它要求各个参与方之间能够进行有效的沟通和协作，共同解决交易过程中出现的问题和纠纷。这种协调性有助于促进电子商务的健康发展。

全球化与普遍性的特征使得电子商务具有强大的生命力和广阔的发展前景。它不仅可以推动全球范围内的商业活动，促进国际贸易的发展，还可以为消费者提供更加便捷、丰富的购物体验。同时，电子商务也为商家提供了更多的商业机会和发展空间，使得他们能够更好地适应市场变化，提高竞争力。电子商务在全球化与普遍性的同时也面临着一些挑战，如不同国家和地区的法律法规差异、文化差异、语言障碍等问题。在推动电子商务发展的过程中，需要充分考虑这些因素，制定相应的策略和措施，以确保电子商务能够健康、稳定地发展。电子商务的基本特征主要体现在全球化与普遍性上，这两个特征使得电子商务能够跨越地域界限，将全球各地的商家和消费者紧密地连接在一起。

（一）交易便捷性

电子商务的基本特征之一是交易便捷性。电子商务与供应链管理的结合在提升交易便捷性方面发挥了显著作用。这种结合不仅简化了交易流程，还通过优化供应链管理，提高了交易的效率和速度。这种便捷性体现在电子商务突破了地理限制。在传统的商业模式下，消费者需要亲自前往实体店铺进行购物，而电子商务使得消费者可以随时随地在网上浏览和购买商品，无须考虑时间和地点的限制。这种跨越地域的便捷性极大地拓宽了消费者的购物选择范围，也为商家提供了更广阔的市场。电子商务简化了交易流程。在传统的交易过程中，双方需要面对面地进行磋商、签订合同以及支付款项等烦琐环节。而在电子商务环境下，这些流程都可以通过计算机互联网进行，实现了交易过程的虚拟化和自动化。消费者可以通过电子商务平台轻松地选择商品、下单、支付，而商家也可以快速地处理订单、发货和售后服务，大大简化了交易流程，提高了交易效率。电子商务还提供了灵活的交易方式。消费者可以根据自己的需求选择不同的支付方式，如在线支付、货到付款等。电子商务平台还提供了丰富的促销活动和优惠券等福利，使得消费者能够享受到更多的购物优惠。这种灵活性和个性化服务进一步提升了交易的便捷性。电子商务的便捷性还体现在信息的快速传播和共享上。通过互联网，商家可以及时发布产品信息、促销活动等内容，而消费者也可以轻松地获取这些信息进行比较和选择。这种信息的透明化和共享性使得交易更加公正和透明，也提高了消费者对电子商务的信任度。

电子商务的交易便捷性是其基本特征之一，通过突破地理限制、简化交易流程、提供灵活交易方式和促进信息快速传播等方式，为消费者和商家带来了极大的便利和效益。电子商务与供应链管理的结合在提升交易便捷性方面发挥了重要作用。通过简化交易流程、优化供应链管理、升级物流服务和推动支付方式多样化等手段，电子商务为消费者提供了更加高效、便捷的交易体验。

（二）互动性增强

1. 电子商务的互动性

消费者可以通过在线聊天、评论、评分等方式与商家进行实时互动，提出需求和建议，商家也能迅速响应并调整策略。这种互动性有助于提升消费者满意度和忠诚度。电子商务平台通过提供多样化的用户交互功能，显著增强了用户与商家、其他消费者之间的互动性。用户可以通过平台的在线聊天工具与商家进行实时沟通，了解产品详情、咨询售后服务等，这种即时反馈机制大大提高了购物的便利性和满意度。还可以对购买的商品或使用的服务进行评价和打分，这些评价不仅为其他消费者提供了参考，也帮助商家了解用户需求和反馈，进而改进产品和服务。另外，可以将自己的购物体验、产品评价等分享到社交媒体或其他平台，这种分享行为不仅增加了用户之间的互动，也扩大了产品和品牌的影响力。

2. 个性化推荐与定制化服务

电子商务平台通过运用大数据和人工智能技术，实现了个性化推荐和定制化服务，进一步提升了互动性。基于用户的浏览历史、购买记录和行为偏好，平台能够精准推荐相关的商品和服务，这种个性化的推荐提高了用户的购物体验，也增加了用户与平台之间的黏性。平台可以根据用户的特定需求提供定制化服务，如定制商品、定制配送等，这种服务使得用户感受到平台的关注和专业性，进一步增强了互动性。个性化推荐与定制化服务在电子商务平台上扮演着至关重要的角色。随着大数据和人工智能技术的飞速发展，电子商务平台已经能够利用这些先进技术实现个性化推荐和定制化服务，极大地提升了用户与平台之间的互动性和购物体验。个性化推荐系统基于用户的浏览历史、购买记录和行为偏好，能够精准地推荐相关的商品和服务。这种推荐方式不仅能够帮助用户快速找到他们感兴趣的产品，还能够引导他们发现新的、符合他们口味的商品，从而极大地提高了用户的购物满意度和忠诚度。同时，个性化推荐也增加了用户与平台之间的黏性，使用户更愿意在平台上进行消费和互动。除了个性化推荐外，电子商务平台还提供了定制化服务，以满足用户的特定需求。平台还可以提供定制化的配送服务，如指定时间配送、指定地点配送等，以满足用户对配送的个性化要求。这种定制化服务不仅体现了平台对用户的关注和专业性，还能够增强用户与平台之间的情感联系，进一步提高用户的忠诚度和满意度。个性化推荐和定制化服务的实现离不开大数据和人工智能技术的支持。通过收集和分析用户的数据，平台能够深入了解用户的需求和偏好，从而为用户提供更加精准和个性化的服务。人工智能技术也能够帮助平台实现自动化的推荐和服务，提高了服务效率和用户体验。

个性化推荐与定制化服务已经成为电子商务平台不可或缺的一部分。它们不仅提高了用户的购物体验和满意度，还增强了用户与平台之间的黏性和忠诚度。随着技术的不断进步和应用的不断深化，个性化推荐与定制化服务将在电子商务平台上发挥更加重要的作用，为用户带来更加优质和个性化的购物体验。

3. 社交媒体与电子商务的结合

社交媒体的融入使电子商务平台的互动性得到了极大的提升。用户可以将自己的购物信息、产品链接等分享到社交媒体平台，这种分享行为不仅方便了用户与朋友、家人的互动，也提高了品牌和产品的曝光度。社交互动元素，平台可以引入点赞、关注等社交互动元素，使得用户在购物的同时能享受到社交的乐趣，这种社交化的购物体验增强了用户与平台之间的互动性。社交媒体与电子商务的结合为电子商务平台注入了新的活力，显著增强了用户与平台之间的互动性。社交媒体的融入使得电子商务平台不再是一个孤立的购物场所，而是成为一个集购物、分享、交流于一体的社交空间。用户可以将自己的购物信息、产品链接等轻松分享到社交媒体平台，与朋友、家人进行互动。这种分享行为不仅方便了用户之间的信息交流，还增加了购物的乐趣和互动性。通过社交媒体分享，用户可以将自己喜爱的品牌和产品推荐给更多人。这种口碑传播的方式比传统的广告推广更加自然和有效，能够迅速扩大产品和品牌的影响力。例如，用户可以在平台上关注自己感兴趣的商家或品牌，获取最新的优惠信息和产品动态；社交媒体与电子商务的结合还能够为用户提供个性化的购物体验。平台可以根据用户的社交信息和购物行为，为用户推荐符合其兴趣和需求的商品。这种个性化的推荐不仅能够提高用户的购物满意度，还能增加用户与平台之间的互动和黏性。社交媒体与电子商务的结合还为商家提供了更多的销售和营销机会。商家可以通过社交媒体平台发布优惠信息、促销活动等内容，吸引用户的关注和购买。同时，商家还可以利用社交媒体的数据分析工具，分析用户的购物行为和偏好，制定更加精准和有效的营销策略。

社交媒体与电子商务的结合为电子商务平台带来了诸多好处，不仅增强了用户与平台之间的互动性，还扩大了品牌和产品的影响力，创造了个性化的购物体验，以及促进了销售和营销。随着技术的不断进步和应用的不断深化，这种结合将在未来发挥更加重要的作用，为用户和商家带来更多的便利和价值。

4. 用户体验的持续优化

电子商务平台通过不断优化用户体验，实现了与用户之间的深度互动，了解用户的需求和偏好，为优化界面设计、交易流程和服务质量提供了有力支持。基于用户数据的分析结果，平台还可以不断调整和优化界面设计、交易流程等，提升用户的操作便捷性和购物体验。平台也可以通过提升售后服务、增加在线客服等方式，提高用户满意度和忠诚度，这种持续优化的过程本身就是一种与用户之间的深度互动。用户体验的持续优化是电子商务平台成功的关键因素之一。通过不断优化用户体验，电子商务平台不仅能够实现与用户之间的深度互动，了解用户的需求和偏好，还能为优化界面设计、交易流程和服务质量提供有力支持。电子商务平台通过不断优化用户体验，积极与用户进行深度互动。这种互动不仅包括用户在平台上的浏览、购买行为，还包括用户对于产品的反馈、对于服务的评价等。平台通过收集和分析这些用户数据，能够更准确地了解用户的需求和偏好，为后续的优化提供有力支持。基于用户数据的分析结果，电子商务平台可以不断调整和优化界面设计。平台还可以根据用户的购物习惯和偏好，提供个性化的推荐和优惠活动，进一步增加用户的购物乐趣和忠诚度。除优化界面设计和交易流程外，电子商务平台还需要不断提升服务质量，通过提供优质的售后服务、增加在线客服支持、及时处理用户反馈等方式，提高用户满意度和忠诚度。此外，平台还可以建立完善的用户评价和反馈机制，让用户能够更加便捷地表达自己的意见和建议，为平台的优化提供有力支持。用户体验的持续优化是一个持续不断的过程。在这个过程中，电子商务平台需要不断与用户进行深度互动，了解用户的需求和反馈，并根据这些反馈进行针对性的优化。这种持续优化的过程本身就是一种与用户之间的深度互动，能够增强用户与平台之间的情感联系和忠诚度。

用户体验的持续优化是电子商务平台成功的关键因素之一。通过深度互动了解用户需求、优化界面设计、简化交易流程、提高服务质量等方式，电子商务平台能够不断提升用户的购物体验和满意度，从而增强用户与平台之间的情感联系和忠诚度。电子商务平台提供了丰富的用户交互功能。通过在线聊天、评论、评分、分享等功能，消费者可以与商家、其他消费者进行实时交流和互动。这种互动不仅能够帮助消费者更好地了解产品信息和购物体验，还能为商家提供宝贵的用户反馈和意见，促进产品和服务的改进。电子商务平台通过个性化推荐和定制化服务增强了互动性。基于用户的浏览历史、购买记录和行为偏好，电子商务平台能够为用户推荐相关的商品和服务，提供个性化的购物体验。这种定制化的服务使得消费者能够感受到平台的关注和尊重，进一步增加了用户与平台之间的互动。社交媒体与电子商务的结合也极大增强了互动性。互动性增强还体现在电子商务平台对用户体验的持续优化上。通过收集和分析用户数据，电子商务平台能够了解用户的需求和偏好，不断优化界面设计、交易流程和服务质量，提升用户的满意度和忠诚度。这种持续优化的过程本身就是一种互动，使得用户能够感受到平台的进步和关心。

电子商务的互动性增强是其基本特征之一。通过提供丰富的用户交互功能、个性化推荐和定制化服务、社交媒体整合以及持续优化用户体验等手段，电子商务平台为消费者带来了更加便捷、有趣和个性化的购物体验，也为商家提供了更多与用户互动和建立长期关系的机会。

（三）成本降低

电子商务通过减少中间环节、降低库存成本、优化物流配送等方式，实现了成本的显著降低。

电子商务的基本特征之一是成本降低，通过减少中间环节来降低交易成本。在传统的商业模式中，商品需要经过多个中间商的层层加价才能最终到达消费者手中，这不仅增加了交易成本，还降低了交易效率。而电子商务通过直接连接生产者和消费者，消除了中间环节，使得交易更加直接和高效，从而降低了交易成本。电子商务降低了库存成本。传统商业模式中，商家需要为应对市场需求而保持一定的库存量，这不仅增加了库存成本，还可能因为库存积压或滞销而带来经济损失。而电子商务通过实时分析市场需求和消费者行为，可以实现精准预测和快速响应，从而优化库存管理，降低库存成本。电子商务还降低了营销成本。传统营销方式如广告投放、促销活动等需要大量的人力、物力和财力投入，而电子商务通过在线营销、社交媒体推广等方式，可以以更低的成本覆盖更广泛的受众群体，提高营销效果。电子商务平台还可以利用大数据分析等手段，对消费者进行精准画像和行为预测，从而制定更有效的营销策略，降低营销成本。电子商务通过提高运营效率来降低运营成本。电子商务平台可以实现订单处理、物流配送等流程的自动化和智能化，减少人工干预和错误率，提高运营效率。电子商务还可以实现信息的实时共享和沟通，减少信息传递和协调成本，进一步降低运营成本。

电子商务通过减少中间环节、降低库存成本、降低营销成本和提高运营效率等多种方式实现了成本降低这一基本特征。这使得电子商务在市场竞争中具有更强的竞争力和优势，也为企业和消费者带来了更多的商业机会和购物便利。这不仅提高了企业的盈利能力，也使得消费者能够享受到更优惠的价格。

（四）个性化与定制化

电子商务平台可以根据消费者的浏览历史、购买记录等信息，为消费者提供个性化的商品推荐和定制化的服务。这种个性化与定制化满足了消费者的个性化需求，提高了购物体验。电子商务的基本特征之一是个性化与定制化，电子商务平台通过收集和分析用户数据，能够深入了解每个用户的购物偏好、需求和行为模式。基于这些数据，平台可以为用户提供个性化的商品推荐、定制化的广告展示和贴心的售后服务，确保用户每一次的购物体验都能得到精准满足。个性化与定制化服务使得用户能够更快速地找到符合自己需求和喜好的商品，降低了在海量商品中筛选的时间成本。同时，平台提供的定制化选项也让用户能够根据自己的具体需求进行选择和调整，进一步提升了购物的便利性。由于平台能够根据用户的个性化需求提供精准服务，用户的购物满意度自然也会相应提升。这种满意度不仅来自商品的品质，也来自平台对用户需求的精准把握和贴心服务。个性化与定制化服务使得电子商务平台能够展现出对用户需求的深度理解和关注，从而塑造出更加专业、贴心的品牌形象。这种形象有助于提升用户对平台的信任和忠诚度，进而增强企业的市场竞争力。通过提供个性化与定制化的服务，电子商务平台能够吸引更多具有特定需求和兴趣的用户群体，从而扩大市场份额。这种定制化服务不仅满足了用户的个性化需求，也为企业带来了更多的商业机会和增长潜力。个性化与定制化服务要求电子商务平台具备高效的数据分析和处理能力，以便更好地把握用户需求和市场变化。这种能力的提升也有助于企业优化资源配置，提高运营效率，降低成本。

电子商务的个性化与定制化特征在提升用户体验和增强企业竞争优势方面发挥着重要作用。随着技术的不断进步和市场的不断变化，这一特征将继续成为电子商务平台发展的重要驱动力。电子商务的个性化与定制化特征使得平台能够更好地满足用户的独特需求和兴趣，提供更加精准、智能和便捷的服务。这种特征不仅提升了用户的购物体验和满意度，也为企业带来了更多的商业机会和竞争优势。

（五）安全性与可靠性

随着技术的发展，电子商务在安全性方面得到了极大的提升。通过数据加密、身份验证、支付安全等技术手段，保障了交易过程的安全可靠。同时，相关法律法规的完善也为电子商务的健康发展提供了有力保障。电子商务的基本特征中，安全性与可靠性是至关重要的两个方面。它们确保了电子商务交易的顺利进行，并保护了交易双方的权益。在电子商务交易中，涉及大量的个人信息、支付密码以及交易数据等敏感信息，因此保障这些信息的安全至关重要。电子商务平台采用了多种安全技术，如数据加密、身份验证、防火墙等，确保信息在传输和存储过程中的安全。电子商务平台还会定期进行安全漏洞的检测和修复，以防止黑客攻击和数据泄漏。电子商务交易的可靠性主要体现在交易流程的顺畅、支付系统的稳定以及商品质量的可靠等方面。电子商务平台通过优化系统架构、提升服务器性能、完善支付系统等方式，确保交易流程的顺畅和稳定。此外，电子商务平台还会对商家进行严格的审核和监督，以确保商品的质量和真实性，从而维护消费者的权益。为了增强电子商务的安全性与可靠性，还需要采取一系列措施，例如，建立完善的安全管理制度和规范，加强用户信息保护和隐私政策，增强用户的安全意识和防范能力。此外，电子商务平台还应与相关部门和机构合作，共同打击网络犯罪和维护网络安全。

电子商务的安全性与可靠性是其基本特征之一，它们确保了电子商务交易的顺利进行和交易双方的权益。随着技术的不断进步和电子商务的不断发展，安全性和可靠性将会得到进一步的提升。为了进一步增强电子商务的安全性与可靠性，电子商务平台还需要加强用户信息保护，制定并执行隐私政策，明确个人信息的收集、使用和保护规范；设立风险评估机制，通过监测网站活动、用户行为等信息，及时发现和处理可能存在的安全风险。政府和相关部门也应加大对电子商务领域的监管力度，制定相关法律法规，加强对电子商务平台的监督管理，提高电子商务从业人员的安全意识和技术水平。同时，它也是其稳健运行的基础，通过采用先进的技术手段、加强管理和监督，电子商务平台能够为消费者和商家提供一个安全、可靠的交易环境，推动电子商务的健康发展。

三、电子商务环境下，优化物流供应链管理的意义

（一）提升客户满意度

随着电子商务行业的迅猛发展，客户满意度成为电子商务企业关注的重点之一。客户满意度可从多个维度进行衡量，其中，物流质量是影响客户满意度最重要的因素之一。物流是指产品或服务从最初生产出来到最终被消费

者购买的全过程中所经历和发生的所有活动，通过优化物流过程可以提升客户满意度。因此，本书基于物流优化对电子商务客户满意度提升展开研究。客户满意度是指顾客对于产品或服务的满意程度和评价。在电子商务领域，客户满意度对于企业的成功和可持续发展具有重要影响。首先，在激烈的电子商务市场竞争中，客户满意度是企业获取优势的重要因素之一。通过提供优质的产品和服务，满足客户的需求和期望，企业可以获得顾客忠诚度和口碑，继而增加市场份额和销售额。其次，客户满意度是口碑效应的重要体现。在数字时代，顾客的评价和意见可以通过社交媒体和在线评论广泛传播。客户满意度不仅会影响顾客的再购买意愿，还会影响其他潜在顾客的购买决策。高度满意的客户更有可能分享积极的经验并进行推荐，能提升企业的品牌声誉和知名度。最后，满意的顾客更有可能成为企业的忠实顾客，进行重复购买。通过提供良好的购物体验、及时的售后服务和个性化的推荐，企业可以提升顾客的忠诚度，培养长期稳定的客户关系，最终实现销售的持续增长。最后，满意的客户不仅会重复购买，还会为企业带来更多潜在的销售机会。满意的客户更愿意参与企业的促销活动、推荐给他人或购买相关产品，从而增加客户的生命周期价值。

一方面，消费者在选择购物平台时，快速交付是一个关键考量因素。通过优化物流供应链管理，企业能够更有效地进行订单处理、库存管理和配送安排，确保产品能够按时送达消费者手中。这种准时交付不仅能提高客户满意度，还能增强消费者对企业的信任感。另一方面，优化后的物流供应链管理提供了更高的信息透明度和可追溯性。消费者可以实时追踪他们的包裹，了解其配送进度。这种透明度有助于减少消费者的焦虑感，进而提高对购物体验的满意度。经过优化的物流供应链管理，企业能够提供更多灵活的配送选项，如快递、普通邮寄、自提等，以满足消费者的不同需求。这种灵活性使得消费者更容易选择最适合自己的配送方式，从而进一步提高了客户满意度。当物流供应链管理得到优化时，企业也能更好地处理退换货和售后服务，增强消费者对企业的忠诚度。

（二）提高整体运营效率

通过精细化管理和流程优化，可以显著缩短订单从下单到交付的时间，从而减少库存滞留时间，并缩短整体物流周转时间。这种优化能够显著提高订单处理效率，同时有效降低库存成本，减少资金占用，从而促进资金的快速周转。通过供应链各环节的协同作用，企业可以实现库存资源的最大化利用，有效避免库存过剩或短缺的情况。这不仅可以提高库存周转率，降低仓储成本，还可以增强供应链的稳定性。优化的物流供应链管理可以简化订单处理流程，减少人为错误和重复工作，提高订单处理的准确性和效率。通过自动化技术和信息系统的支持，企业可以加快订单处理的速度，并提高订单的及时性和准确性。在物流运输方面，企业可以选择最优的运输方案和合作伙伴，优化运输路线，减少货物损耗和丢失的可能性，从而降低额外的损失费用。更重要的是，通过对物流供应链的数据进行分析，企业可以发现其中的"瓶颈"和问题，并及时调整和改进供应链的各个环节，提高运营效率。

提高整体运营效率在电子商务环境下，特别是在物流供应链管理中，具有至关重要的作用。精细化管理和流程优化，企业可以显著提高其整体运营效率，从而在竞争激烈的市场中保持优势。精细化管理和流程优化可以显著缩短订单从下单到交付的时间。这意味着企业能够更快地响应市场需求，减少库存滞留时间，并减少整体物流周转时间。这种优化不仅提高了订单处理效率，还有效地降低了库存成本，减少了资金占用，促进了资金的快速周转。供应链各环节的协同作用对于提高整体运营效率也至关重要。通过加强供应链各环节之间的沟通和协作，企业可以实现库存资源的最大化利用，有效避免库存过剩或短缺的情况。这不仅可以提高库存周转率，降低仓储成本，还可以增强供应链的稳定性，减少因供应链断裂或延误而带来的风险。在订单处理方面，优化的物流供应链管理可以简化流程，减少人为错误和重复工作，提高订单处理的准确性和效率。通过引入自动化技术和先进的信息系统，企业可以加快订单处理的速度，提高订单处理的及时性和准确性，从而为客户提供更好的服务体验。在物流运输方面，企业可以选择最优的运输方案和合作伙伴，优化运输路线，减少货物损耗和丢失的可能性。这不仅可以降低额外的费用，还可以提高运输效率，缩短交货时间，进一步提升客户满意度。通过对物流供应链的数据进行分析，企业可以深入了解供应链的运作情况，发现其中的"瓶颈"和问题。基于这些数据分析的结果，企业可以及时调整和改进供应链的各个环节，优化资源配置，提高运营效率。这种数据驱动的决策方式可以帮助企业更准确地把握市场变化，制定更有效的运营策略。

提高运营效率是电子商务环境下物流供应链管理的核心目标之一。通过精细化管理和流程优化，加强供应链各环节的协同作用，引入自动化技术和先进的信息系统，以及基于数据分析进行决策调整，企业可以显著提高其整体运营效率，为客户提供更好的服务体验，并在竞争激烈的市场中保持优势。

四、电子商务环境下物流供应链管理的优化措施

在传统供应链管理中，订单需求量从最终客户向原始供应商传递时，往往因信息不对称导致各级企业的预测需求沿供应链向上游非理性放大，给供应链企业带来库存增加、产品滞销、市场反应迟钝等危害。在电子商务环境下，若要实现供应链管理过程中计划、采购、生产、分销、配送、退货等环节的协同，须通过信息流、物流及资金流的同步，有助于减少需求的变动。因此，在电子商务环境下，物流供应链管理的优化措施之一就是加强供应链成员间信息共享，特别是物流与信息流的集成，是提高供应链管理水平的重要手段。此外，在传统管理模式中，信息是封闭和单向传递的，信息高保密性导致企业难以长远发展。因此，应建立开放平台和决策支持系统，实现信息多向传递，加强成员企业间有价值信息的透明和共享，快速反应，精准预测，降低库存。在电子商务和新零售时代，企业需要通过基于信任关系的战略合作来积极应对复杂的全球竞争环境和多样化的客户需求。站在供应链角度，为客户提供个性化的产品和服务，为企业和客户创造更多价值，必须提高供应链的整体能力。企业可以同时参与多个供应链，但每个供应链是不可分割的整体，必须有一个主导企业和开放机制将供应链上下游的各“信息孤岛”连接起来，形成战略联盟。供应链上的企业各自分担供应、生产、销售、物流等职能，每个企业都应明确自身核心业务在供应链中的位置和作用，通过发挥自身优势来提高核心竞争力，将非核心业务外包，战略伙伴之间优势互补，形成完整的业务网络。通过企业整合和内外部业务流程重组，实现高效协同合作，从而缩短补给供货期，精准预测，快速响应市场变化，提高抗风险能力，实现多方共赢。

实现供应链成员合作关系的稳定关键在于建立合理的利益分配机制。因整体利润一定，利益分配此消彼长，所以，应对供应链上各企业的资本、资源、能力、品牌、商誉等方面的投入，以及企业对供应链在库存水平、成本控制、市场响应速度、客户需求满足、收益等方面作出的贡献和企业承担的风险，进行全面、科学、准确的评估和分级，进行公开、公平的利益分配。同时，对战略合作伙伴进行绩效评估，促进供应链不断优化，通过企业的价值创造带动供应链的整体增值，多方获益，最终提高物流企业及供应链在电子商务行业中的核心竞争能力。物流作为商流的服务者，健全其基础设施建设，对物流供应链管理及电子商务实践起着关键作用。数据化、信息化是推动物流

智慧发展的重要手段。通过提高物流管理系统的扩展性和兼容性，构建物流互联平台，规范服务流程。利用自动化和数字化技术，实现物流企业、运输司机、客户多方互联和全链协同。加快物流网络和运输路网络的建设，合理配置资源，提高设备利用率。引进专业技术人才，提升业务能力，降低物流成本。

物流成本过高不利于企业长久发展，且物流成本的增加势必会引起商品价格的提高。为解决电子商务供应链运营、物流成本过高的痛点，可通过以下途径加强对物流成本的控制：一是健全物流供应链管理体系，推进物流服务流程化、规范化、标准化；二是高效利用机械化、半自动化、自动化手段代替人工装卸搬运，提高作业效率；三是优化资源配置，大力推进储存、运输等高成本物流活动的合理化实施，提高社会化物流资源利用率，发展规模经济；四是提高包装技术水平及绿色包装利用率，减少污染和浪费；五是加强管理，制定有效的逆向物流控制策略。通过以上途径，降低物流成本，创造更多效益。

供应链在电子商务中的角色

供应链（Supply Chain）是指生产及流通过程中，涉及将产品或服务提供给最终用户活动的上游与下游企业所形成的网链结构，即将产品从商家送到消费者手中的整个链条。它围绕核心企业，从配套零件开始，制成中间产品以及最终产品，最后由销售网络把产品送到消费者手中，将供应商、制造商、分销商直到最终用户连成一个整体的功能网链结构。供应链管理的经营理念是从消费者的角度，通过企业间的协作，谋求供应链整体最佳化。成功的供应链管理能够协调并整合供应链中所有的活动，最终成为无缝连接的一体化过程。供应链的重要性主要体现在提高效率、优化产品质量、提高客户满意度、降低风险以及促进创新等方面。它对于企业的运营和发展至关重要，可以提高企业的竞争力和可持续发展能力。

供应链也具有一些特点，如协调性、整合性、选择性和动态性、复杂性和虚拟性等。这些特点使得供应链需要不断地进行优化和管理，以适应外部环境的变化和满足消费者的需求。在构建供应链时，需要综合考虑多种因素，如市场需求、供应商选择、库存管理、运输方式等，以确保供应链的连续性和稳定性，还需要加强企业间的协作和沟通，共同应对各种挑战和风险。供应链在电子商务中扮演着至关重要的角色，它是连接供应商、生产商、分销商和最终消费者的桥梁，确保电子商务活动顺利进行和满足消费者需求的关键。它不仅是电子商务活动得以顺利进行的基础，更是实现高效、灵活和协同运营的关键。

一、库存管理

库存管理是企业运营管理中的一个关键组成部分，主要涉及对企业存货（包括原材料、在制品和成品）的采购、存储、维护和控制的过程。这一概念的核心在于维持适当的库存水平，确保生产和销售活动顺畅进行，降低与存货相关的各种成本和风险。有效的库存管理不仅能够保持足够的库存满足客户需求和支持生产活动，还能够避免因库存过量占用资金，增加存储成本，增加过期风险或损坏风险。此外，库存管理还包括对库存周转率的提升，即提高存货的转换效率，减少库存积压，增加资本流动性和企业的财务稳定性。

由于产品和服务具有不确定性及季节性，通过实时监控和管理库存，可以应对需求变化，减少过剩或缺货的情况，优化库存水平。由于市场需求的不断变化和季节性因素的影响，产品和服务的需求波动较大。通过实时监控和管理库存，企业能够更准确地把握当前库存状况，预测未来需求，从而避免库存过剩或缺货的情况。这不仅可以减少因积压库存而带来的成本压力，还能避免因缺货而导致的销售损失和客户流失。

二、物流管理

物流管理是指在社会再生产过程中，根据物质资料实体流动的规律，应用管理的基本原理和科学方法，对物流活动进行计划、组织、指挥、协调、控制和监督，使各项物流活动实现最佳的协调与配合，以降低物流成本，提高物流效率和经济效益。它是建立在系统论、信息论和控制论上的专业学科，是现代企业运营管理的重要组成部分。它涵盖从原材料采购、生产、销售到最终消费者的整个过程。提高运输速度和效率是物流管理中至关重要的一环，对于满足客户需求、提升客户满意度以及增强企业竞争力都具有重要意义。

通过引入物联网（IoT）、RFID（无线射频识别）、条形码扫描等技术，实现仓库的自动化和智能化管理，提高货物入库、存储、出库的速度和准确性。利用自动化分拣机器人、传送带和分拣系统等设备，快速、准确地完成货物的分拣和打包，减少人工操作的时间和错误。探索使用无人机进行短途快速配送，以及自动驾驶车辆进行长途运输，以减少人力成本和提高运输效率。通过GPS和实时交通数据，实时监控运输车辆的行驶情况，及时调整运输路线，避开拥堵路段。运用先进的路径优化算法，为每批货物规划最短的运输路线，降低运输成本和缩短运输时间。构建一体化的物流网络，实现不同运输方式之间的无缝衔接，提高整体运输效率。通过引入LMS，实现订单、库存、运输等信息的实时共享和协同管理，提高物流运作的透明度和效率。利用大数据分析技术，对物流数据进行深入挖掘和分析，预测未来物流需求的变化趋势，为物流决策提供有力支持。通过信息共享、协同计划等方式，与供应商建立紧密的合作关系，确保原材料和零部件的及时供应。采用先进的库存管理技术，如JIT（准时制）、VMI（供应商管理库存）等，降低库存成本，提高库存周转率。加强员工培训，增强员工的专业素质和服务意识，确保物流操作的准确性和高效性。建立合理的激励机制，鼓励员工积极参与物流优化和创新工作，提高整体物流运作效率。采用环保的包装材料、节能的运输工具等，降低物流活动对环境的影响。

随着物流技术的不断发展，越来越多的智能化、自动化技术被应用于物流管理中。这些技术不仅提高了物流管理的效率，还使得货物运输过程更加透明和可控。消费者可以通过电子商务平台实时查询货物的运输状态，了解货物的实时位置和预计送达时间，从而更加放心地等待收货。对于消费者而言，购物的便捷性和时效性是他们选择电子商务平台的重要考量因素。而物流管理的核心目标就是优化运输流程，提高运输效率，确保货物能够按时、准确地送达消费者手中。通过合理的物流规划和高效的运输管理，企业可以大幅缩短货物的在途时间，提高订单处理速度，从而提升客户满意度。

三、供应链可视化

供应链可视化在电子商务领域的应用确实为企业带来了诸多好处。通过实时监测供应链各环节，包括供应商、生产商和物流等，供应链可视化技术使得信息透明化，从而大幅提高了企业监控和管理的效率。

四、调整供应策略，满足市场需求

通过提供实时洞察，供应链管理能够涵盖从供应商到市场的各个环节，为企业带来前所未有的透明度和敏捷性。这种优势使得企业能够及时调整供应策略，以满足市场的快速变化，从而在激烈的竞争中脱颖而出。

优化供应链流程，企业能够确保商品及时、准确地送达消费者手中，满足市场需求，提升客户满意度。促进了电子商务的可持续发展，通过推动供应链的绿色化、循环化和低碳化，企业可以减少对环境的影响，实现经济效益和社会效益的双赢。与供应链合作伙伴建立长期稳定的合作关系，共同应对市场挑战，也有助于提升整个供应链的竞争力。供应链在电子商务中扮演着全方位、多层次的角色。它不仅是电子商务活动的基石和物流支持，还是成本控制、实时洞察和客户满意度提升的关键所在。对于电子商务企业来说，加强供应链管理、提高供应链效率是提升整体竞争力的重要途径。

第2章

电子市场与消费者行为

在当今这个信息爆炸的时代，电子市场以其独特的魅力和无限的潜力，正日益成为消费者购物、交流、获取信息的重要平台。随着科技的飞速发展，电子市场的边界不断拓宽，其影响已经渗透人们生活的方方面面。消费者的行为模式也在悄然发生改变，他们的购物决策、信息获取方式以及与其他消费者的互动方式都在不断演进。电子市场的崛起，不仅为消费者提供了前所未有的购物便利性和丰富的选择，也为企业和商家开辟了新的销售渠道和商业模式。在这个数字化的时代，消费者可以通过各种电子渠道轻松获取商品信息，进行价格比较，并在线完成交易。这种高效、便捷的购物方式，极大地满足了现代消费者对于个性化、快速响应和即时满足的需求。

在线购物行为模式

在当今数字化快速发展的时代，电子商务以其便捷、高效和全球化的特点，迅速改变了人们的购物习惯和生活方式。在线购物行为模式作为电子商务的重要组成部分，不仅反映了消费者的需求、购买决策过程和心理变化，也对商家的市场策略、产品设计和营销策略产生了深远影响。因此，深入研究在线购物行为模式对于理解消费者行为、提高电子商务效率以及推动电子商务的持续发展具有重要意义。在探讨在线购物行为模式的各个方面时，包括消费者在线购物的动机、决策过程、购买行为特征、购物后评价以及商家在在线购物环境中的营销策略等，通过对这些方面的分析，我们可以更好地理解消费者在线购物的行为规律，为电子商务的实践和发展提供有价值的参考。本节将深入探讨电子商务的发展历程与在线购物行为的普及之间的紧密关系。我们将首先概述电子商务的起源、发展阶段和主要特点，接着分析在线购物行为是如何随着电子商务的崛起而逐渐普及的，以及这种普及如何改变了人们的消费习惯和生活方式。

电子商务的发展可以追溯至 20 世纪 90 年代初，当时随着互联网技术的初步应用，一些企业开始尝试通过互联网进行商业活动。随着时间的推移，电子商务经历了从萌芽到快速发展的过程。特别是在 1997 年以后，中国开始大力推进信息化建设，电子商务也逐渐进入了人们的视野。1998 年至 2000 年，互联网电子商务进入发展阶段，中国第一笔互联网网上交易成功，标志着电子商务的实质性起步。电子商务逐渐从传统产业 B2B 为主体，进入了可持续性发展的稳定期。随着电子商务的快速发展，在线购物行为也逐渐普及。从最初的少数人群尝试，到如今几乎人人都会通过网络进行购物，这种变化是巨大的。在线购物之所以能够得到普及，主要得益于其便利性、丰富性、价格优势以及个性化的购物体验。消费者可以随时随地通过互联网购物，不再受到时间和地点的限制；网络平台提供了丰富多样的商品选择，消费者可以轻松比较不同商品，找到最适合自己的商品。电子商务平台通常根据用户的购物历史和偏好提供个性化推荐，提升购物体验。本节的研究目的在于揭示电子商务的发展与在线购物行为普及之间的内在联系。通过深入分析电子商务的发展历程和在线购物行为的普及过程，我们可以更好地理解两者之间的相互作用和影响。这有助于我们更准确地把握电子商务和在线购物的发展趋势，为电子商务的未来发展提供有价值的参考；这也有助于我们更好地理解消费者的购物需求和行为模式，为商家提供更加精准的市场策略和产品设计建议。

一、在线购物行为的特点与趋势

（一）便利性：随时随地购物，无须实体店面

在线购物行为的一个显著特点就是其便利性，这种便利性主要体现在消费者可以随时随地进行购物，无须受到实体店面营业时间、地理位置等因素的限制。在线购物打破了传统实体店面营业时间的限制，消费者可以在任何时间，无论是白天还是夜晚，只要有网络连接，就可以浏览商品、下单购买。这种时间上的自由性极大地满足了现代消费者的需求，让他们能够根据自己的时间安排进行购物。在线购物突破了地理位置的界限，消费者无须亲自前往实体店面，就可以购买到来自世界各地的商品。无论是国内还是国外的商品，只要商家在电商平台上开设了店铺，消费者就可以轻松购买。这种空间上的无限性为消费者提供了更多的选择机会，让他们能够享受到更加丰富的购物体验。在线购物流程简单快捷，消费者只需在电商平台上浏览商品、选择规格、填写收货地址等信息，就可以完成下单购买。随着物流技术的不断发展，商品的配送速度也越来越快，消费者可以在短时间内收到自己购买的商品。这种快速便捷的特点使得在线购物成为现代人生活中不可或缺的一部分。许多电商平台都会根据消费者的购物历史、浏览行为等数据，为消费者提供个性化的商品推荐。这种个性化推荐能够让消费者更快地找到自己感兴趣的商品，提高购物效率。这种推荐还能够帮助消费者发现新的购物需求和兴趣点，促进消费者购买更多商品。

在线购物的便利性特点为消费者提供了更加灵活、便捷的购物方式，使得购物不再受到时间和空间的限制。这种便利性特点不仅满足了现代消费者的需求，也推动了电子商务的快速发展。随着技术的不断进步和市场的不断扩大，未来在线购物的便利性特点将会得到更加充分的体现和发挥。

（二）多样性：丰富的商品选择与个性化需求满足

在线购物行为的另一个显著特点是多样性，这种多样性不仅体现在商品种类的丰富性上，还体现在能够满足消费者个性化需求的能力上。在线购物平台汇聚了来自全球各地的商家和商品，涵盖从日常生活用品到高端奢侈品等各个领域的商品。消费者只需在平台上输入关键词，就能找到成千上万的商品选项，从而满足了他们多样化的购物需求。这种商品种类的丰富性是传统实体店面难以比拟的。在线购物平台不仅提供了丰富的商品选择，还能根据消费者的个人喜好、购物历史和浏览行为等数据，进行个性化的商品推荐。这些推荐往往能够精准地匹配消费者的需求，帮助他们在海量商品中找到真正符合自己个性化需求的商品。此外，一些在线购物平台还提供了定制服务，消费者可以根据自己的需求定制商品，进一步满足了消费者的个性化需求。在线购物平台上的商品来自不同的品牌和商家，价格差异也较大。消费者可以根据自己的预算和需求，在平台上选择适合自己的品牌和价格区间。这种品牌和价格的多样性使消费者能够更加方便地比较不同商品的性能和价格，从而作出更加明智的购物决策。在线购物平台不断创新购物体验，通过虚拟现实（VR）、增强现实（AR）等技术，为消费者提供沉浸式的购物体验。这些技术让消费者能够在虚拟环境中试穿、试用商品，进一步丰富了购物体验，满足了消费者对购物体验的新需求。

在线购物的多样性特点为消费者提供了更加丰富的商品选择和更加个性化的购物体验。这种多样性不仅满足了消费者的多样化需求，也推动了在线购物市场的不断发展和创新。随着技术的不断进步和市场的不断扩大，未来在线购物的多样性特点将会得到更加充分的体现和发挥。

（三）价格比较：消费者可以轻松比较不同商家的价格与服务

价格比较是在线购物中的关键优势，在线购物的一个显著优势在于消费者可以轻松比较不同商家的价格与服务，这一特点极大地提高了购物的透明度和效率，为消费者带来了实实在在的利益。价格的透明度是在线购物价格比较的核心。在传统的实体店面购物中，消费者往往需要在多个店铺之间奔波，才能对同一商品的价格有一个大致的了解。在线购物平台通过集中展示众多商家的商品信息，让消费者可以直观地看到不同商家的价格，轻松进行价格对比。这种透明度不仅让消费者能够更加明智地作出购物决策，也促使商家在价格上更加具有竞争力。服务的比较也是在线购物中不可忽视的一环。除了价格之外，消费者在选择商品时还会关注商家的服务质量，如退换货政策、物流速度、售后服务等。在线购物平台提供了丰富的商家评价和消费者反馈，消费者可以通过这些信息了解商家的服务情况，从而在价格之外的其他方面进行比较和选择。一些专门的比价网站和工具也为消费者提供了更加便捷的价格比较服务。这些工具可以实时跟踪商品价格的变动，提供历史价格查询和降价提醒等功能，帮助消费者找到最佳的购买时机。同时，一些工具还能在不同电商平台之间进行价格比较，让消费者能够更加方便地找到价格最低、服务最好的商家。

在线购物的价格比较优势为消费者带来了更加透明、高效的购物体验。消费者可以轻松比较不同商家的价格与服务，从而作出更加明智的购物决策。同时，这也促使商家在价格和服务上不断提升自身竞争力，推动了整个电商行业的健康发展。

（四）用户评价与反馈：在线评价系统对购物决策的影响

在线评价系统在现代电子商务中占据了至关重要的地位，它对消费者购物决策的影响不容忽视。用户评价与反馈为消费者提供了一个重要的参考依据，帮助他们在众多商品和服务中做出更明智的选择。用户评价与反馈为消费者提供了可靠的信息来源。在线评价系统允许购买过该商品或体验过该服务的消费者分享他们的真实体验，这些评价往往基于个人的实际使用情况，因此具有较高的可信度。消费者可以通过阅读这些评价，了解商品或服务的优点、缺点、性价比等信息，从而更全面地了解产品。用户评价与反馈能够增强消费者的信心。当消费者看到其他用户对产品或服务的正面评价时，他们会更有信心选择该产品或服务。这种信心来自对他人经验的信任，也是对商品质量和服务水平的认可。正面评价往往能够激发消费者的购买欲望，促进交易的完成。用户评价与反馈还能影响消费者的购物态度和决策过程。当消费者发现某个商品或服务的评价与自己的期望一致时，他们更有可能选择购买该产品。同时，如果消费者对某个商品或服务存在疑虑，他们可以通过阅读其他用户的评价来消除疑虑，从而作出更明智的决策。

值得注意的是，用户评价与反馈也存在一定的局限性。有些评价可能存在主观性和偏见，甚至有些可能是虚假评价。消费者在阅读评价时应该保持一定的警惕性，综合多方面信息进行判断。在线评价系统对消费者购物决策的影响是显著的。它为消费者提供了可靠的信息来源，增强了消费者的信心，并影响了消费者的购物态度和决策过程。未来，随着电子商务的不断发展，在线评价系统将继续发挥重要作用，为消费者提供更加优质的购物体验。

（五）购物习惯的变化：从线下到线上的转移趋势

购物习惯的变化，尤其是从线下到线上的转移趋势，已经成为近年来消费市场的显著特征。这种转变主要受到在线购物行为所带来的便利性、多样性、价格比较以及用户评价与反馈等因素的影响。线上购物的便利性是其吸引消费者的主要因素之一。消费者可以随时随地通过网络购物平台浏览商品、比较价格、下订单并完成支付，无须受到传统实体店面的营业时间、地理位置等限制。这种便利性使得消费者能够更加灵活地安排自己的购物时间，也减少了购物过程中的交通和等待时间。线上购物提供了丰富的商品选择和个性化需求满足。网络购物平台汇聚了来自全球各地的商家和商品，消费者可以在同一平台上浏览到比传统实体店面更加多样化的商品。平台上的推荐系统和定制化服务能够更准确地满足消费者的个性化需求，提升购物体验。线上购物使消费者能够更方便地进行价格比较。消费者可以通过搜索引擎或比价网站快速找到不同商家的商品报价，并进行横向对比。这种价格透明度有助于消费者作出更明智的购物决策，也促使商家在价格上更加具有竞争力。

用户评价与反馈对消费者的购物决策产生了重要影响。消费者可以通过查看其他购买者的评价来了解商品的真实质量和商家的服务水平，这有助于减少信息不对称带来的风险。用户评价也为商家提供了改进产品和服务的依据，促进了市场的健康发展。从线下到线上的购物习惯转变是多种因素共同作用的结果。随着技术的不断进步和市场的不断发展，线上购物将继续保持其优势地位，并逐渐成为消费者主要的购物方式之一。

二、在线购物行为的决策过程

（一）需求识别

在消费者从线下转移到线上购物的趋势中，需求识别是购物决策过程的起点。消费者的购物需求并非凭空产生，而是受到多种因素的触发和影响。消费者可能因饥饿、口渴、疲劳等生理状态而意识到对食物、饮料或休闲用品的需求。消费者的心理状态，如快乐、悲伤、满足或渴望，可能会触发对特定商品或服务的需求。例如，在感到快乐时，消费者可能会想要购买礼物或纪念品；在感到悲伤时，可能会寻求安慰食品或电影。广告、社交媒体推广、电子邮件营销等外部信息源是消费者意识到需求的重要触发点。商家通过精心设计的广告吸引消费者的注意力，并激发他们对新产品的兴趣或购买欲望。朋友、家人、同事或社交媒体上的意见领袖的推荐和分享可以影响消费者的购物需求。当看到别人使用或推荐某个产品时，消费者可能会产生购买的兴趣。结婚、搬家、生日、节日等生活事件常常伴随购物需求。这些事件为消费者提供了明确的购物目标和理由。消费者在使用某个产品后的体验会影响他们对未来购物需求的认识。如果他们对产品感到满意，可能会产生再次购买的需求；如果不满意，则可能会寻找替代品。随着年龄的增长、职业的变化或生活方式的改变，消费者的购物需求也会发生变化。例如，年轻人可能更注重时尚和潮流，而中老年人可能更关注健康和舒适。消费者可能会通过搜索引擎、社交媒体或购物平台上的问答功能来查找关于某个产品或服务的信息。在搜索过程中，他们可能会意识到自己的购物需求，并开始考虑购买。

购物平台通常会根据消费者的购物历史和浏览行为推荐相关商品。这些推荐可能会让消费者意识到自己对某个商品或品牌的需求，并激发他们的购买欲望。消费者意识到购物需求是一个复杂的过程，涉及内部和外部多种因素的相互作用。商家需要了解这些触发点，并制定相应的营销策略来满足消费者的需求。消费者也需要了解自己的购物动机和需求来源，以便作出更明智的购物决策。

（二）信息搜索

在意识到购物需求后，消费者通常会进行信息搜索以获取更多关于产品或服务的信息。线上购物的信息搜索过程与线下购物存在显著不同，消费者可以通过多种渠道和工具快速、便捷地获取所需信息。消费者最常用的线上信息搜索工具是搜索引擎，如谷歌、百度等。通过在搜索框中输入关键词，消费者可以获取与需求相关的网页链接、商品信息、价格比较等。搜索引擎的算法会根据消费者的搜索历史和兴趣，提供个性化的搜索结果。消费者会直接访问各大电商平台，如淘宝、京东、亚马逊等，通过浏览商品页面、查看用户评价、比较价格等方式获取商品信息。购物平台通常提供丰富的商品分类和搜索功能，帮助消费者快速定位所需商品。社交媒体如微信、微博、抖音等已成为消费者获取购物信息的重要渠道。商家和意见领袖可以通过社交媒体发布产品信息、优惠活动、使用教程等，吸引消费者的关注。消费者也可以在社交媒体上分享购物经验、寻求推荐和建议。对于价格敏感的消费者，比价网站是一个不可或缺的工具。这些网站可以收集多个电商平台的商品价格信息，并提供价格比较和价格走势分析，帮助消费者找到最优惠的购买渠道。用户评价是消费者了解商品质量和商家服务的重要参考。消费者可以查看其他购买者的评价，了解商品的真实性能、使用体验以及商家的售后服务等。这些评价可以帮助消费者避免购买劣质商品或遭遇不良商家。对于一些高价值或专业性较强的商品，消费者可能会关注专业评测机构或专家的评测报告。这些评测通常基于客观的测试和分析，为消费者提供权威的购买建议。消费者可以在问答社区如知乎、Quora 问答网站等平台上提问，寻求其他用户的帮助和建议。这些社区聚集了大量有经验和专业知识的用户，可以为消费者提供有针对性的解答和推荐。

在进行信息搜索时，消费者通常会根据自己的需求和兴趣，选择适合的搜索方式和工具。他们也会根据自己的信任度和评价体系的判断，对搜索到的信息进行筛选和评估。商家在提供商品信息时，应注重信息的准确性和可靠性，积极维护良好的用户评价和口碑。

（三）评估与选择

在进行信息搜索之后，消费者会进入评估和选择阶段，以确定最终购买的商品或服务。在线上购物环境中，消费者面临更多的选择和更丰富的信息，因此评估和选择过程变得更加复杂。消费者会比较不同产品的关键属性，如功能、性能、规格、材质、颜色等。他们会根据自己的需求和偏好，筛选出符合自己要求的产品。价格是消费者评估产品时的重要考虑因素。消费者会查看不同销售渠道和商家的价格，并比较价格差异。他们也会考虑产品的性价比，即产品性能与价格的比值。消费者会仔细阅读其他购买者的评价，了解产品的实际性能、使用体验、售后服务等。他们会关注评价的真实性、数量以及好评率，以判断产品的质量和商家的信誉。品牌的信誉和口碑对消费者的购买决策有重要影响。消费者通常会选择知名品牌或具有良好口碑的品牌，以确保产品的质量和可靠性。消费者会关注产品的配送时间、运费、退换货政策等。他们会选择提供快速配送、免运费和良好售后服务的商家。对于一些特殊需求或个性化需求，消费者会寻找能够满足这些需求的产品，例如，定制化的商品、限量版的商品或具有特殊功能的商品。消费者会关注商家的促销活动、优惠券、折扣等优惠方式。这些优惠可以降低购买成本，提高产品的性价比。在评估和选择过程中，消费者可能会使用多种工具和资源，如搜索引擎、购物平台、比价网站、社交媒体等。他们会根据自己的需求和偏好，综合考虑以上因素，进行权衡和比较，以做出最终的购买决策。消费者也会受到一些心理因素的影响，如从众心理、求新心理、求异心理等。这些因素可能会使消费者更倾向于选择流行、新颖或与众不同的产品。

商家在提供产品和服务时，应充分了解消费者的需求和偏好，通过优化产品属性、提供合理的价格、提高用户评价、维护品牌信誉、改善配送和售后服务等方式，满足消费者的期望和需求。同时，商家也可以利用促销活动和优惠策略，吸引消费者的关注和购买意愿。

（四）购买决策

在完成信息搜索和评估选择阶段后，消费者会进入购买决策阶段，决定是否购买某一商品或服务。在线上购物环境中，购买决策过程可能受到多种因素的影响。消费者会综合评估产品的价格、质量、性能、品牌等多个方面，形成对产品价值的整体感知。如果消费者认为产品的价值超过了其价格，他们更有可能做出购买决策。消费者对商家、品牌或购物平台的信任度对购买决策有重要影响。如果消费者对某个商家或平台有较高的信任度，他们更有可能选择在该商家或平台购买商品。消费者往往会参考其他购买者的评价和口碑信息。正面评价和口碑可以增强消费者对产品的信心，促使他们作出购买决策。相反，负面评价和口碑可能会使消费者放弃购买。促销活动和优惠可以降低购买成本，提高产品的性价比。如果消费者认为优惠幅度足够大，他们可能会因此做出购买决策。线上购物的便捷性、页面设计、支付流程等购物体验也会影响消费者的购买决策。如果购物体验不佳，消费者可能会放弃购买或选择其他商家。对于具有特殊需求或个性化需求的消费者，如果某个产品能够满足他们的需求，他们更有可能作出购买决策。消费者可能会受到周围人、社交媒体或网络趋势的影响，选择购买热门产品或跟随潮流。从众心理可能会促使消费者作出购买决策。在作出购买决策时，消费者可能会经历一系列的心理过程，如权衡利弊、比较选择、犹豫不决等。商家可以通过提供详细的产品信息、真实的用户评价、良好的售后服务等方式，帮助消费者作出更明智的购买决策。商家还应关注消费者的购物体验，提供便捷的购物流程、友好的界面设计、安全的支付环境等，以提高消费者的满意度和忠诚度。通过不断优化购物体验和提高产品质量，商家可以吸引更多的消费者，提高销售额和市场份额。

（五）购后评价

消费者在完成线上购买后，往往会进行购后评价，分享自己的购物体验、商品使用感受以及对商家服务的评价。这些购后评价对于其他潜在消费者、商家以及整个电商平台都具有重要意义。购后评价是消费者反馈购物体验的重要渠道，也是其他消费者了解商品和商家服务质量的重要参考。正面的评价可以增强潜在消费者的购买信心，而负面的评价则可能影响他们的购买决策。购后评价通常包括：消费者对商品本身的评价，如质量、性能、外观等；对商家服务的评价，如发货速度、配送服务、售后服务等；对购物过程的评价，如网站界面、支付流程、客服响应等。购后评价对商家和电商平台具有重要影响。正面评价可以帮助商家树立良好形象，吸引更多潜在消费者，而负面评价则可能使商家面临声誉损失和销量下降的风险。电商平台也会根据消费者的评价来调整商家评级、推荐算法等，以优化购物体验。为了确保购后评价的真实性，电商平台通常会采取一系列措施，如实名认证、评价审核、反作弊系统等。同时，消费者应注意避免发布虚假评价或恶意评价，以维护评价系统的公正性和可信度。购后评价系统通常具有互动性，消费者可以在评价下留言、提问或回复其他消费者的评论。这种互动性有助于消费者更全面地了解商品和商家的实际情况，也有助于商家及时回应消费者的反馈和投诉。商家应重视购后评价的作用，及时关注消费者的反馈和建议，针对问题进行改进和优化。商家也可以利用正面评价进行营销推广，提高品牌知名度和美誉度。电商平台也可以利用评价数据来优化商品推荐、提高服务质量等。需要注意的是，不同国家和地区的消费者在购买后评价时可能存在文化差异。因此，商家和电商平台在运营过程中应考虑到这些差异，提供符合当地消费者习惯的评价方式和内容。

购后评价是线上购物过程中不可或缺的一环。消费者通过评价分享自己的购物体验，为其他潜在消费者提供参考；商家和电商平台则通过评价了解消费者的需求和反馈，不断提高服务质量和提升消费者满意度。

电子市场的营销策略

电子市场又称为电子商务市场或在线市场，是指通过电子通信技术和网络技术，使买方和卖方能够在线上进行商品和服务的交易与交换的虚拟市场。电子市场不仅涵盖了传统的商品交易，还扩展到了数字商品、服务、信息和娱乐产品等领域。在现代商业中，电子市场的重要性日益凸显。首先，电子市场极大地扩展了商业活动的地理范围，使得企业能够跨越地域限制，接触全球范围内的潜在客户。其次，电子市场为商家和消费者提供了更为便捷、高效的交易方式，提高了交易效率，降低了交易成本。最后，电子市场能够实时收集和分析大量数据，为企业提供市场趋势、消费者行为等方面的洞察，有助于企业制定更为精准的市场策略和营销策略。营销策略是企业实现其营销目标的关键手段。首先，营销策略有助于企业树立品牌形象，提高品牌知名度和美誉度，增强消费者对品牌的忠诚度和信任感。其次，营销策略能够帮助企业更好地了解消费者需求和市场趋势，从而调整产品策略、定价策略等，以满足市场需求。最后，营销策略能够通过各种促销手段，如优惠券、折扣、赠品等，吸引消费者购买，提高销售额和市场份额。在电子市场中，营销策略需要不断创新和适应市场变化。企业需要利用大数据、人工智能等先进技术，精准地定位目标消费者，制定个性化的营销策略。同时，企业还需要关注消费者的购物体验和售后服务，提高消费者的满意度和忠诚度。本节内容主要介绍了电子市场的定义、特点及其在现代商业中的重要性，并深入探讨了营销策略在电子市场中的关键作用。通过本节的学习，读者可以了解电子市场的基本概念和运作机制，掌握在电子市场中制定和执行营销策略的方法和技巧。

一、电子市场的数字营销策略

（一）搜索引擎优化（SEO）与搜索引擎营销（SEM）

电子市场的数字营销策略中，搜索引擎优化（SEO）与搜索引擎营销（SEM）是两种至关重要的策略，它们共同帮助提升网站在搜索引擎中的排名，进而增加网站的曝光率和流量。搜索引擎优化（SEO）是一种通过优化网站结构、内容、代码等方式，提高网站在搜索引擎中的排名，从而增加网站的曝光率和流量的策略。搜索引擎优化具体包括：通过研究和评估搜索引擎上的关键词，将这些关键词合理地分布在网站的标题、描述、URL、内容等位置，帮助搜索引擎更好地理解网站的主题和内容；建立良好的网站架构，使搜索引擎爬虫更容易地索引网站内容；优化网站的内部链接结构，增强网站的连通性和搜索引擎的可读性；提供有价值、有吸引力且独特的内容，使访问者愿意在网站上停留更长时间，并与其他用户分享网站内容；确保网站内容定期更新，以保持搜索引擎的兴趣和关注；寻找高质量的外部链接，提高网站的权威度和排名，这可以通过与其他网站建立合作关系、发布优质内容吸引其他网站引用等方式实现。搜索引擎营销（SEM）是一种通过付费广告在搜索引擎中获得曝光和点击的策略。搜索引擎营销具体包括：根据目标受众的搜索行为和产品特点，选择与其相关的关键词进行广告投放，关键词的选择应考虑关键词的热度、竞争程度和转化率等因素；根据预算和广告效果，对每个关键词进行出价。出价高的广告主将获得更高的排名，从而提高广告的曝光率和点击率；需要关注广告的点击率、转化率等指标，对广告效果进行持续优化。撰写吸引人的广告文案，突出产品的特点和优势，激发消费者的购买欲望；根据不同的关键词和受众群体，定制不同的广告文案，以提高广告的针对性和效果；运用数据分析工具实时监测和分析广告效果，包括点击率、转化率、跳出率等指标；根据数据分析结果，对广告策略进行调整和优化，以提高广告效果和投放效率。

搜索引擎优化（SEO）和搜索引擎营销（SEM）是电子市场数字营销策略中的两个重要组成部分。通过优化网站结构、内容、关键词和外部链接等方式提高网站的自然排名；结合关键词广告、竞价排名策略、广告文案优化和数据分析与优化等方式提高广告的曝光率和点击率。这两种策略的有效结合将有助于提高网站的流量和销售额，增强品牌影响力和市场竞争力。

（二）社交媒体营销

社交媒体营销是一种通过利用社交媒体平台来提升品牌知名度、与消费者互动并建立品牌形象的有效策略。首先，企业需要确定适合品牌的目标社交媒体平台。例如，微信、微博、抖音、Instagram、Facebook、Twitter 等都是流行的社交媒体平台，但每个平台都有其独特的用户群体和特点。因此，选择与目标受众最匹配的平台是关键。在社交媒体上发布有趣、有用和相关的内容是吸引用户的关键。内容可以包括文章、图片、视频、直播等多种形式。重要的是要确保内容不仅符合品牌形象，还能引起用户的兴趣和共鸣。社交媒体平台为用户和品牌之间提供了直接的交流渠道。企业应积极回应用户的评论、提问和反馈，以增强与用户的互动和联系。此外，企业还可以通过举办有奖互动、问答活动等方式鼓励用户参与，提高用户的参与度和忠诚度。通过社交媒体平台，企业可以轻松地传播品牌信息。利用社交媒体上的分享、转发等功能，可以让品牌信息迅速传播给更广泛的受众。企业还可以通过与网红、意见领袖等合作，借助他们的影响力来扩大品牌的影响力。社交媒体平台提供了丰富的数据分析工具，企业可以使用这些工具来监测和分析社交媒体营销的效果。通过了解用户的访问量、点击率、转化率等数据，企业可以评估营销策略的有效性，并据此进行调整和优化。社交媒体是建立品牌形象的重要渠道。通过发布高质量的内容、积极回应用户、参与公益活动等方式，企业可以在用户心中树立良好的品牌形象。一个积极的品牌形象有助于提高用户的忠诚度并促进销售。

社交媒体营销是一种强大的工具，可以帮助企业提升品牌知名度、与消费者互动并建立品牌形象。通过精心策划和实施社交媒体营销策略，企业可以在竞争激烈的市场中脱颖而出。

（三）内容营销与教育式营销

内容营销与教育式营销是电子市场营销中两种重要的策略，它们通过提供有价值的内容来吸引并教育潜在客户，同时借助故事化营销和情感连接来深化与消费者的关系。内容营销是一种通过创建和分享有价值、相关且一致的内容来吸引和保留目标受众的策略。这种策略的关键在于提供能够满足消费者需求、解答他们疑问并激发他们兴趣的内容。内容是内容营销的核心。你需要深入了解你的目标受众，了解他们的需求和兴趣，然后创建与他们相关的内容。这可能包括博客文章、视频教程、电子书、白皮书、研究报告等。

内容营销不仅与吸引受众的注意力有关，更是与教育他们有关。通过提供有用的信息和见解，你可以帮助潜在客户了解你的产品或服务如何满足他们的需求，从而引导他们作出购买决策。教育式营销是一种侧重于教育和培训的策略，提供有价值的信息和资源来帮助客户解决问题，从而建立信任和忠诚度。分享实际案例和行业动态，你可以向潜在客户展示你的产品或服务如何在实际应用中发挥作用，以及你的行业见解和专业知识。视频和课程资料是教育式营销的有力工具。你可以制作教学视频来展示你的产品或服务的操作过程，或者制作课程资料来帮助客户了解你的行业和产品。利用社交媒体和在线论坛等平台，你可以建立互动平台和社群，鼓励客户分享他们的经验和问题，并提供解答和建议。这不仅可以增强客户的参与感和归属感，还可以帮助你了解客户的需求和反馈，从而优化你的产品和服务。故事化营销是一种通过讲述故事来传达品牌信息和价值观的策略。通过创造与消费者情感共鸣的故事，你可以深化与消费者的关系，并提高他们对品牌的忠诚度。在创作故事之前，你需要深入了解你的目标受众。了解他们的文化背景、消费习惯和价值观，以便创作出更符合他们口味的故事。在故事中创造真实、贴近生活的形象，更容易让消费者产生共鸣。你可以通过描绘普通人的故事，或者展示你的产品或服务如何帮助人们解决实际问题，来创造这种形象。情感符号是一种通过图像、音乐、颜色等元素来激发情感的手段。在故事中巧妙地运用情感符号，可以更好地传达情感信息，并增强消费者的情感共鸣。故事化营销并非单向的传递，你需要积极与受众互动，营造一种参与感。通过社交媒体平台，你可以邀请消费者参与故事创作或分享自己的故事，这不仅可以增强消费者的参与感和归属感，还可以为品牌积累更多的用户生成内容（UGC），提升品牌曝光度。

结合内容营销、教育式营销以及故事化营销与情感连接的策略，你可以更有效地吸引并教育潜在客户，深化与他们的关系，建立更强大的品牌形象和忠诚度。

二、数据驱动的营销策略

（一）数据收集与分析

数据驱动的营销策略是现代营销中不可或缺的一部分，它基于对用户行为数据的深度分析，以及对市场趋势和竞争对手的洞察，来制定更为精准和有效的营销策略。用户行为数据是数据驱动营销的核心。通过收集和分析用户在网站、应用、社交媒体等渠道的行为数据，企业可以深入了解用户的喜好、需求、习惯等，从而优化产品和服务，提升用户体验。了解用户如何进入网站、在网站上浏览了哪些页面、停留时间等，以优化网站结构和内容布局。企业根据用户行为数据，分析用户的行为模式，如购买行为、搜索行为等，以制定更精准的营销策略。企业通过用户搜索关键词、浏览记录等数据，挖掘用户的潜在需求，并提前推出符合用户需求的产品或服务。除了分析用户行为数据外，数据驱动营销还需要关注市场趋势和竞争对手的动态。通过对市场趋势和竞争对手的深入分析，企业可以更好地把握市场机会，规避风险，制定更具竞争力的营销策略。企业通过收集和分析行业报告、市场研究数据等分析市场趋势，了解市场的整体趋势和未来发展方向，以便及时调整营销策略。收集和分析竞争对手的产品、价格、营销活动等数据，了解竞争对手的优势和劣势，以便制定更具针对性的竞争策略。对比竞品和自身产品的差异点，找出自身产品的优势和不足，以便进行产品优化和改进。

数据收集与分析在数据驱动营销策略中发挥着至关重要的作用。通过深入分析用户行为数据、市场趋势和竞争对手动态，企业可以制定更为精准和有效的营销策略，提高营销效果和用户满意度。

（二）个性化营销与推荐系统

个性化营销与推荐系统是现代营销中两个相辅相成的概念，它们共同构成了基于用户数据的精准营销策略。个性化营销是一种通过深入了解消费者的需求、兴趣和行为，为消费者提供定制化的产品或服务，以满足其个性化需求的营销策略。这种策略的核心在于利用用户数据，通过数据分析技术来洞察消费者的内心需求，并据此提供个性化的产品和服务。这种策略具体包括分析消费者的购买历史、浏览记录等数据，为消费者推荐符合其兴趣和需求的产品。例如，电商平台可以根据消费者的购物偏好和浏览历史，为其推荐相关的商品。根据消费者的需求和行为，提供定制化的服务。例如，金融机构可以根据消费者的财务状况和投资目标，为其提供个性化的理财建议和资产配置方案。分析消费者的兴趣和需求，为其推送定制化的内容。例如，新闻应用可以根据用户的阅读偏好，推送其感兴趣的新闻资讯。推荐系统是个性化营销中的重要工具，它通过建立用户模型和产品模型，利用机器学习、深度学习等算法，从海量数据中发现用户和产品之间的潜在联系，并据此为用户提供个性化的推荐。在电商平台上，推荐系统可以根据用户的购买历史、浏览记录等数据，为用户推荐符合其兴趣和需求的商品。在视频平台上，推荐系统可以根据用户的观看历史、点赞、评论等数据，为用户推荐其可能感兴趣的视频内容。在音乐平台上，推荐系统可以根据用户的听歌历史、喜欢的歌手和歌曲等数据，为用户推荐符合其音乐口味的歌曲。营销自动化工具在个性化营销和推荐系统的实施中起到了关键作用。这些工具可以帮助企业自动化地收集、整理和分析用户数据，生成用户画像和标签，并据此制定个性化的营销策略和推荐方案。通过 CRM 系统，企业可以自动化地收集和管理客户信息，包括客户基本信息、购买历史、行为偏好等，为个性化营销和推荐提供数据支持。利用数据分析工具，企业可以自动化地对用户数据进行深度分析和挖掘，发现用户需求和行为模式，为个性化营销和推荐提供决策支持。通过自动化营销工具，企业可以自动化地执行营销流程，如邮件营销、短信营销、社交媒体营销等，提高营销效率和效果。

个性化营销和推荐系统是现代营销中不可或缺的两个概念，它们共同构成了基于用户数据的精准营销策略。通过利用用户数据、应用推荐系统和营销自动化工具，企业可以更好地满足消费者的个性化需求，提高客户满意度和忠诚度。

（三）A/B 测试与优化

A/B 测试是一种有效的营销策略测试方法，它允许企业同时测试两种不同的营销策略或设计，以确定哪一种更有效。这种方法的核心在于收集和分析数据，以便在持续优化营销策略时做出明智的决策。A/B 测试是一种统计假设检验方法，用于比较两个或多个版本的网页、应用、营销策略等的效果。通过在同一时间段内，向不同用户展示不同版本的策略或设计，并收集和分析用户数据，企业可以确定哪一种策略或设计更能满足用户需求，提高转化率或达到其他预设目标。首先，企业需要明确测试的目标，如提高点击率、转化率、用户参与度等。其次，企业需要设计两个或多个不同版本的营销策略或设计，其中一个作为对照组（原始版本），其他作为实验组（修改后的版本）。企业需要确保用户流量被随机分配到不同的版本中，以便进行公正的对比。在测试期间，企业需要收集用户在不同版本中的行为数据，如点击率、转化率、跳出率等。最后，企业需要分析收集到的数据，以确定哪一个版本的策略或设计更有效。这通常通过统计软件或在线 A/B 测试工具完成。

根据分析结果，企业可以决定采用实验组的改进措施，或继续测试其他版本以寻找更好的解决方案。A/B 测试在营销策略优化中发挥着重要作用。通过测试不同的营销策略或设计，企业可以找到最适合其目标用户的解决方案。通过 A/B 测试，企业可以比较不同主题、不同内容、不同发送时间的电子邮件的打开率、点击率和转化率，以确定最有效的电子邮件营销策略。企业可以比较不同广告创意、不同定位人群、不同投放时间的社交媒体广告的点击率、转化率和 ROI（投资回报率），以优化广告效果。企业还可以比较不同页面布局、不同颜色搭配、不同文案的网页的跳出率、停留时间和转化率，以改善用户体验和提高转化率。

A/B 测试只是营销策略优化的第一步。企业需要定期监测和分析用户数据，以了解营销策略的效果。这有助于企业及时发现问题并采取相应的优化措施。基于数据分析的结果，企业需要不断地迭代和改进营销策略。这可能包括调整目标人群、优化广告创意、改进网页设计等方面。营销策略的优化需要多个部门的协作。企业需要确保市场、销售、产品等部门之间的顺畅沟通，以便共同制定和执行更有效的营销策略。

A/B 测试与优化是提升营销策略效果的关键环节。通过不断测试、分析和改进营销策略，企业可以更好地满足用户需求，提高转化率并增强品牌影响力。

三、电子市场营销策略优化

（一）电子市场营销策略的重要性与影响总结

在数字化时代，电子市场营销策略对企业的发展具有至关重要的作用和深远的影响。电子市场营销策略通过多元化的渠道（如社交媒体、搜索引擎、电子邮件等）有效地塑造和传播品牌形象。这些渠道允许企业直接与潜在客户和现有客户互动，从而提高品牌认知度和忠诚度。通过互联网和移动设备，企业可以触及全球范围内的潜在客户，从而极大地拓展市场。电子市场营销策略使企业能够跨越地理界限，实现全球化营销。电子市场营销策略强调以客户为中心，通过收集和分析客户数据，实现个性化的客户服务和精准营销。这有助于企业建立长期稳定的客户关系，提高客户满意度和忠诚度。电子市场营销策略，企业可以吸引更多的潜在客户，提高转化率，从而实现销售增长。电子市场营销策略还可以帮助企业优化库存管理和供应链，降低运营成本。

在竞争激烈的市场中，企业需要通过电子市场营销策略来区分自己与竞争对手。通过创新的营销策略和技术应用，企业可以赢得市场份额，建立竞争优势。电子市场营销策略使消费者能够更轻松地获取商品和服务信息，比较不同品牌和价格，以及进行在线购买。这改变了消费者的购物习惯和决策过程，使他们更加依赖互联网和移动设备来满足购物需求。电子市场营销策略推动了商业模式的变革，使企业能够采用更加灵活和创新的商业模式来适应市场需求。例如，订阅制、共享经济等新型商业模式正逐渐兴起。随着电子市场营销策略的普及，市场格局也在发生变化。传统企业需要通过数字化转型来适应市场变化，而新兴企业则可以利用电子市场营销策略快速崛起。电子市场营销策略的发展离不开技术的支持。随着人工智能、大数据、物联网等技术的不断发展，电子市场营销策略将变得更加智能化、个性化和精准化。电子市场营销策略的发展对社会经济产生了深远影响。它促进了电子商务的发展，带动了相关产业的增长，创造了大量就业机会。电子市场营销策略也促进了信息的传播和交流，推动了社会进步和发展。

电子市场营销策略对企业的发展具有至关重要的作用和深远的影响。企业需要紧跟时代潮流和技术发展，不断探索和创新电子市场营销策略，以实现可持续发展和长期竞争优势。

（二）未来电子市场营销策略的发展趋势与预测

随着科技的迅速发展和消费者行为的变化，电子市场营销策略也将不断演变以适应新的市场环境。AI 和大数据将在电子市场营销中发挥更加核心的作用。通过深入分析用户数据，AI 可以帮助企业更准确地预测消费者行为，提供个性化推荐，优化广告投放，并建立自动化营销流程。企业将更加注重数据驱动的营销策略，通过 AI 和大数据提高营销效率和效果。社交媒体和短视频平台将继续成为电子市场营销的重要渠道。随着用户对社交媒体的依赖度增加，企业将更加注重在这些平台上的内容营销和社交互动。企业需要学会如何有效利用社交媒体和短视频平台吸引目标受众，通过创意内容和互动活动提升品牌曝光度和用户参与度。随着流量获取成本的增加，私域流量的价值将逐渐凸显。企业将更加注重私域流量的建设和管理，企业需要建立完善的私域流量运营体系，通过内容营销、社群运营等方式提升用户黏性和活跃度，实现用户价值的最大化。直播电商将继续保持快速发展的态势。通过直播形式，企业可以更加直观地展示产品特点和使用方法，提高消费者的购买意愿和信任度。企业需要积极探索直播电商的运营模式，通过合作网红、搭建自有直播间等方式提高直播效果和销售业绩。随着全球化的加速推进和消费者对海外商品的需求增加，跨境电商将成为未来电子市场营销的重要发展方向。企业需要加强跨境电商的布局和运营能力，通过优化供应链管理、提高物流配送效率等方式提升消费者购物体验。企业还需要关注不同国家和地区的法律法规和文化差异，确保合规经营。随着消费者对环保和可持续发展的关注度增加，可持续营销将成为未来电子市场营销的重要趋势。企业需要注重环保和可持续发展理念在营销中的应用，通过推广绿色产品、倡导环保生活等方式提升品牌形象和社会责任感。企业还需要关注供应链中的环保问题，确保产品的环保性和可持续性。

未来电子市场营销策略将更加注重数据驱动、社交互动、私域流量、直播电商、跨境电商和可持续营销等方面的发展。企业需要紧跟时代潮流和技术发展，不断探索和创新电子市场营销策略，以实现可持续发展和长期竞争优势。

第3章

电子商务下的订单管理系统

电子商务平台订单管理系统是一种基于互联网技术的软件系统，它集成了订单生成、支付、配送、售后等一系列功能，方便电商企业进行订单管理和流程控制。通过该系统，企业可以更加高效地管理订单，提高服务质量，增加客户满意度。

订单处理与履行流程

在数字化浪潮的推动下，电子商务已经渗透到我们生活的方方面面，成为商业交易的重要模式。在这一背景下，订单处理与履行流程作为电子商务运营的核心环节，其重要性不言而喻。本节将简要阐述订单处理与履行在电子商务中的重要性，分析电子商务环境下订单处理的特点与挑战，并概述本节内容的结构和目的。订单处理与履行是电子商务成功的关键所在。它不仅是企业与消费者之间沟通的桥梁，更是实现商品交易、满足消费者需求的重要环节。通过高效、准确的订单处理与履行，企业能够提升客户满意度和客户忠诚度，从而在激烈的市场竞争中脱颖而出。电子商务环境下订单处理的特点与挑战不容忽视。在电子商务中，订单来源多样化，订单处理需要实现实时性，需要借助大数据等先进技术进行决策支持。然而，这也带来了订单处理复杂性的增加，库存管理难度的提升，以及物流配送的挑战。企业需要不断适应这些变化，优化订单处理与履行流程，以提高运营效率和市场竞争力。本节内容的概述与目的是深入探讨电子商务环境下订单处理与履行的实践。我们将分析订单处理与履行的关键环节，提供优化策略和建议，帮助企业更好地应对市场挑战，提高客户满意度和运营效率。通过本节的学习，读者将能够深入理解订单处理与履行在电子商务中的重要性，掌握相关的实践技巧和策略，为企业的电子商务运营提供有力支持。

一、订单处理流程

在电子商务环境中，订单接收与确认是订单处理与履行流程的首要步骤。随着电子商务的不断发展，订单的来源和接收方式也呈现出多样化的趋势，这是最常见的订单来源之一。消费者通过访问企业的官方网站，选择商品、填写收货地址、支付方式等信息后，提交订单。企业的订单管理系统会自动接收这些订单。随着智能手机的普及，越来越多的消费者选择通过移动应用进行购物。移动应用提供了更加便捷、个性化的购物体验，使得订单接收更加灵活和高效。企业可能选择在第三方电子商务平台（如淘宝、京东等）上开设店铺，接收来自这些平台的订单。这需要企业与第三方平台建立接口，实现订单信息的实时传输。在接收到订单后，企业需要对订单信息进行验证和确认，以确保订单信息的准确性和完整性。系统会对订单中的关键信息进行校验，如收货地址、电话号码、商品数量、价格等。如果发现信息错误或不符合规范，系统就会提示用户进行修改。在确认订单之前，系统会检查商品的库存情况。如果库存不足或无法发货，系统就会提示用户或自动取消订单。对于需要在线支付的订单，系统会验证支付信息是否有效，并确认支付是否成功。如果支付失败或存在异常，系统就会提示用户重新支付或取消订单。在订单接收与确认过程中，自动与手动确认的结合可以提高效率和准确性。对于大多数常规订单，系统可以自动完成验证和确认过程。当系统接收到订单后，会自动进行信息校验、库存验证和支付验证等操作。如果所有验证都通过，系统就会自动确认订单并生成相应的物流信息。对于某些特殊订单或异常情况（如订单金额异常、收货地址不明确等），系统可能需要人工介入进行确认。在这种情况下，系统会将订单标记为待确认状态，并通知相关人员进行处理。相关人员可以根据实际情况进行订单审核、修改或取消等操作。自动与手动确认的结合，可使企业确保订单接收与确认的准确性和高效性，为后续的订单履行和物流配送打下坚实的基础。

二、订单履行策略

（一）优先级划分与处理

在电子商务的运营中，订单履行是一个至关重要的环节，它直接关系客户的满意度和企业的运营效率。面对大量的订单，进行有效的优先级划分与处理，是确保订单能够高效、准确履行的关键。客户的订单需求，订单的紧急程度评估通常包括客户要求的送达时间、商品的性质（如生鲜、易腐等）以及订单的重要性等因素。对于急需送达或商品性质特殊的订单，应给予更高的紧急程度评估。在订单紧急程度评估的基础上，对订单进行优先级判定。优先级通常分为高、中、低三个等级。高优先级订单包括紧急订单、重要客户订单以及特殊商品订单等，需要优先处理和配送。中优先级订单为一般客户订单，按照正常流程处理即可。低优先级订单为不急需或可替代性强的订单，可以在资源紧张时适当延迟处理。提前预测高峰期订单量，制订相应的应急预案和增援计划。优先处理高优先级订单，确保重要客户和急需商品的及时送达。加强与物流公司的合作，提前安排物流资源和配送计划，确保订单能够及时发出。引入自动化和智能化的订单处理系统，提高订单处理效率和准确性。鼓励客户通过自助服务渠道进行订单查询和跟踪，减少客服压力。在资源相对充足的情况下，按照订单优先级进行有序处理，持续优化订单处理流程，提高订单处理效率和客户满意度，加强与供应商的沟通与合作，确保商品供应的稳定性和可靠性。定期对订单数据进行分析，发现潜在问题和改进空间，持续优化订单履行策略。

通过合理的优先级划分与处理策略，可以确保订单在高峰期和平常时期都能够得到高效、准确地履行。不断优化订单处理流程和引入先进的技术手段，可以进一步提高订单履行效率和客户满意度。在电子商务的订单处理过程中，优先级划分与处理是一项至关重要的策略。通过合理评估订单的紧急程度和重要性，并据此进行优先级排序，可以确保关键订单得到及时处理，从而提高客户满意度和运营效率。在繁忙的电商环境中，订单量可能达到数百甚至数千个。如果没有明确的优先级划分，可能会导致重要订单被延误，从而影响客户满意度和企业的声誉。通过优先级划分，可以确保关键订单得到优先处理，降低订单积压的风险，提高订单处理效率。根据客户的要求，评估订单的紧急程度。例如，对于急需送达的订单，应给予更高的优先级。考虑客户对企业的价值，对于重要客户或 VIP 客户的订单，应给予更高的优先级。对于易腐、易损或定制商品等特殊性质的订单，应给予更高的优先级，以确保商品能够按时、完好地送达客户手中。对于高优先级的订单，应优先安排拣货、包装、发货等环节，确保订单能够迅速处理并发出。企业应加强与物流公司的沟通，确保高优先级订单能够优先配送。中优先级的订单按照正常流程处理即可，确保订单在合理的时间内完成履行。对于低优先级的订单，可以在资源紧张时适当延迟处理，但也要确保订单能够按时完成履行，避免给客户带来不必要的等待。订单履行策略并非一成不变，需要随着市场环境和客户需求的变化而持续调整与优化。企业应定期分析订单数据，了解客户的购买习惯和偏好，以便更准确地评估订单的优先级。企业还应加强与物流公司的合作，共同优化配送网络，提高订单配送效率。合理的优先级划分与处理策略，企业可以确保关键订单得到及时处理，提高客户满意度和运营效率。不断优化订单履行策略，可以进一步提升企业的竞争力和市场地位。

在电子商务的运营中，订单履行是一个至关重要的环节，它直接关联企业的盈利能力、客户体验和长期的品牌忠诚度。通过快速、准确地处理高优先级订单，企业可以满足客户的紧急需求，提高客户满意度。明确的优先级划分有助于企业合理分配资源，避免在高峰期因资源不足而导致订单延误。通过合理的优先级排序，企业可以减少不必要的库存积压和运输成本。如送达时间、商品特殊要求等。包括订单金额、客户购买频次、客户类型（如 VIP 客户、新客户等）。如生鲜、易腐、定制商品等，如紧急订单、缺货补发订单等应优先处理，确保资源倾斜，如优先拣货、优先发货、优先配送等。大部分普通客户订单，按照正常流程处理，确保订单在合理时间内完成履行。不急需或可替代性强的订单，在资源紧张时可以适当延迟处理，但仍需确保订单能够按时完成履行。企业应根据历史数据和市场趋势，提前预测订单高峰期，并制订相应的应急预案和增援计划。建立稳定的合作关系，提前安排物流资源和配送计划，确保订单能够及时发出。引入先进技术：利用自动化和智能化的订单处理系统，提高订单处理效率和准确性。鼓励客户通过自助服务渠道进行订单查询和跟踪，减轻客服压力。了解客户的购买习惯和偏好，发现潜在问题和改进空间。确保商品供应的稳定性和可靠性，避免因缺货导致的订单延误。收集客户对订单履行的反馈，及时调整和优化订单履行策略。

通过合理的优先级划分与处理策略，企业可以确保关键订单得到及时处理，提高客户满意度和运营效率。不断优化订单履行策略，可以进一步提升企业的竞争力和市场地位。在实际运营中，企业应根据自身情况和市场需求，灵活调整和优化订单优先级划分与处理策略。

（二）客户服务与支持

在电子商务中，客户服务与支持是确保客户满意度和忠诚度的关键因素之一。以下将详细讨论订单查询与修改服务、退换货流程与处理以及客户反馈与投诉处理机制。为客户提供便捷的订单查询服务，使其能够随时了解订单的状态、配送进度等信息。这可以通过企业的官方网站、移动应用或第三方平台实现。客户只需输入订单编号或相关身份信息，即可轻松查询订单详情。在订单尚未发货或配送之前，企业为客户提供订单修改服务。客户可以修改订单中的商品数量、规格、收货地址等信息。企业应建立完善的订单修改流程，确保客户能够顺利修改订单，并及时更新订单信息。制定明确的退换货政策，并在网站上公示。政策应明确退换货的条件、期限、流程以及退款方式等关键信息，以便客户了解并遵守。客户在符合退换货政策的前提下，可以通过企业的官方网站、移动应用或客服渠道提交退换货申请。申请中应包含订单编号、退换货原因、商品照片等信息，以便企业了解具体情况。企业收到退换货申请后，应及时进行审核。审核人员应仔细核对订单信息、退换货原因以及商品照片等，确保申请符合退换货政策。如有需要，企业可以与客户进行电话或在线沟通，进一步了解退换货原因和情况。审核通过后，企业应尽快处理退换货事宜。对于退货，企业应指导客户将商品退回指定地址，并在收到退货后进行验收。对于换货，企业应尽快安排发货，并确保商品质量和数量与订单一致。企业应及时更新订单状态，以便客户了解退换货进度。对于符合退换货政策的退货申请，企业应在收到退货并验收合格后，尽快为客户办理退款。退款方式应与客户支付方式一致，确保客户能够及时收到退款。企业应建立多种客户反馈渠道，如官方网站、移动应用、社交媒体、客服热线等，方便客户随时提出意见和建议。企业应制定明确的投诉处理流程，并在网站上公示。当客户提出投诉时，企业应尽快受理并调查核实情况。对于确实存在的问题，企业应积极采取措施进行解决，并向客户道歉和补偿。企业应将投诉处理结果及时告知客户，并征求客户的意见和建议。企业应定期对客户反馈和投诉进行统计分析，了解客户需求和问题点，以便有针对性地改进产品和服务质量，企业应将统计分析结果作为企业决策的重要依据之一。

在电子商务的竞争中，优质的客户服务与支持是提升客户满意度、建立品牌忠诚度并促进业务增长的关键。以下是关于订单查询与修改服务、退换货流程与处理以及客户反馈与投诉处理机制的总结。在电商平台，提供清晰、方便的订单查询服务对于增强客户体验至关重要。客户能够随时追踪订单状态，从下单到配送，每个环节都清晰可见。允许客户在一定条件下修改订单（如商品数量、收货地址等），可以进一步增加购物的灵活性和便捷性。这种服务不仅提升了客户满意度，也减少了因订单错误而带来的售后问题。退换货流程是电商服务中不可或缺的一环。一个清晰、高效的退换货流程能够减少客户的不满和疑虑，提升购物体验。企业应制定明确的退换货政策，并在网站或 App 上显著位置展示，确保客户在购物前就能了解相关政策。退换货流程应尽可能简化，减少客户操作的复杂性。在收到退换货申请后，企业应迅速响应，及时处理，确保客户能够及时收到退款或换货商品。客户反馈和投诉是改进服务质量、提升客户满意度的重要途径。企业应建立多渠道的客户反馈机制，如在线客服、电话热线、社交媒体等，方便客户随时提出意见和建议。对于客户的投诉，企业应高度重视，迅速响应，积极解决。企业应对客户的反馈进行定期汇总和分析，找出服务中的不足和问题，并制定相应的改进措施。这种持续改进的态度不仅能够提升客户满意度，还能够推动企业的不断发展。优质的客户服务与支持是电商成功的关键。通过提供便捷的订单查询与修改服务、建立完善的退换货流程与处理机制以及构建有效的客户反馈与投诉处理机制，企业能够赢得客户的信任和支持，从而在竞争激烈的电商市场中脱颖而出。客户服务与支持是电子商务中不可或缺的一环。通过提供便捷的订单查询与修改服务、建立完善的退换货流程与处理机制以及构建有效的客户反馈与投诉处理机制，企业可以提高客户满意度和忠诚度，进而提升企业的竞争力和市场地位。

（三）风险管理与应对

在电子商务运营中，风险管理与应对是确保业务稳定运行、保护消费者权益和维护市场秩序的重要环节。以下是关于订单异常情况的识别与处理、欺诈订单的防范与应对措施以及供应链中断等风险事件的应对策略的总结。订单异常情况包括订单信息错误、配送延迟、商品缺货等。为了有效识别和处理这些异常情况，电商平台应建立完善的订单处理系统，实时监控订单状态，确保订单信息的准确性和完整性，通过数据分析和用户行为分析，识别出异常订单的特征和模式，建立异常订单识别模型，提高识别准确性。对于识别出的异常订单，平台应迅速与消费者沟通，核实订单信息，并提供相应的解决方案，如重新下单、调整配送时间、退款等。电商平台还应加强与供应链各方的沟通和协作，确保商品供应的稳定性和可靠性，减少因供应链问题导致的订单异常情况。欺诈订单是电商领域的一个严重问题，为了防范和应对欺诈订单，电商平台应加强用户注册和身份验证，确保用户信息的真实性和准确性。建立完善的风控系统，通过数据分析、风险评估等方式识别高风险的订单和商家。提供风险提示和警示，向用户普及防范诈骗的知识，增强用户的防范意识，建立用户举报渠道和售后投诉平台，鼓励用户积极参与，发现和举报欺诈行为。一旦发现欺诈订单，电商平台需要迅速采取应对措施，如暂停订单、冻结资金、联系执法机关等，以保护消费者的权益和维护平台的声誉。电商平台应保持合理的库存冗余，即在正常库存水平之上再增加适当的库存量，以应对供应链中断时可能出现的缺货情况。采用多边采购策略和后备供应计划，确保在主要供应商出现问题时能够迅速切换到其他供应商或备选方案。加强与供应链各方的沟通和协作，建立紧密的合作伙伴关系，共同应对供应链中断等风险事件。建立预警机制和应急预案，一旦发现供应链中断的风险信号，能够迅速启动应急预案，减少损失并尽快恢复业务运营。

风险管理与应对是电商运营中的重要环节。有效的订单异常情况处理、欺诈订单防范与应对以及供应链中断等风险事件的应对策略，电商平台可以降低运营风险，提高业务稳定性和客户满意度。持续的风险管理改进和创新也是确保电商业务长期发展的关键。

三、技术支持与系统集成

（一）订单管理系统的技术架构与功能

订单管理系统通常采用B/S架构，即浏览器 / 服务器架构，这种架构使得系统可以通过 Web 方式进行操作，方便实现跨平台和远程访问。在开发语言与技术方面，系统多采用Java 语言，前端使用 HTML、CSS、JavaScript 进行开发，后端则采用 Spring 框架进行开发。数据库方面，MySQL 因其稳定性和性能而被广泛采用，用于数据的存储和管理。系统集成是订单管理系统实现与其他系统（如库存系统、物流系统、支付系统等）无缝对接的关键。为确保数据在不同系统间准确、高效地交换，需要制定统一的数据交换标准。这包括明确不同数据格式的优缺点和适用场景，选择最适合的数据格式；统一数据字段规范，确保不同系统对数据的解析和处理保持一致；定义数据编码标准，如 UTF-8、ISO-8859-1 等，并明确特殊字符的处理方式；规定数据校验规则，确保数据的完整性和准确性；制定异常处理机制，确保数据交换过程中的稳定性和可靠性。自动化订单录入通过自然语言处理技术，可以将顾客的订单信息自动转化为计算机可读的格式，并存储在数据库中。这样可以大大减少人工输入错误，提高订单处理的效率和准确性。系统通过智能算法，可以根据订单的属性（如交货日期、顾客重要性、货物类型等）自动对订单进行自动分类和优先级排序。这有助于企业更有效地分配资源，提高订单处理的效率。通过与物流系统的集成，订单管理系统能够实时获取物流信息，并及时更新订单状态和交付时间。这种实时跟踪功能使得客户能够随时掌握订单的进度，提高客户满意度。订单管理系统能够根据客户的支付方式和结算规则，对订单进行自动结算。这降低了人工操作的烦琐性，提高了结算的准确性和效率。

技术支持与系统集成在订单管理系统中发挥着至关重要的作用。通过先进的技术架构、统一的数据交换标准以及自动化与智能化技术的应用，订单管理系统能够为企业提供高效、准确、稳定的订单处理服务。技术支持与系统集成：订单管理系统的技术架构与功能总结。

在现代电子商务和供应链管理中，订单管理系统（OMS）扮演着至关重要的角色。该系统不仅需要处理大量的订单数据，还要确保与多个外部系统的高效集成和数据交换。以下是关于订单管理系统的技术架构、系统集成，以及自动化与智能化技术在订单处理中应用的总结。订单管理系统的技术架构通常采用模块化和可扩展的设计，以适应不同企业的业务需求和未来发展。支持手动和自动的订单录入方式，提供灵活的订单编辑功能，以满足不同的业务需求。实现订单的自动化处理流程，包括订单审核、分配、发货、退货等各个环节，并提供实时的订单跟踪功能。与库存系统紧密集成，实现库存数据的实时同步和更新，以确保订单的可执行性。提供丰富的报表和数据分析功能，帮助企业更好地了解订单情况和业务趋势。在订单管理系统中，系统集成和数据交换是确保系统高效运行的关键。订单管理系统需要与多个外部系统（如 ERP、CRM、支付系统、物流系统等）进行集成。订单管理系统通过提供标准化的 API 接口，实现数据的双向交换和同步。为了确保数据在不同系统间的准确、高效交换，需要制定统一的数据交换标准。这包括明确数据格式、字段规范、编码标准等，以及制定数据校验规则和异常处理机制。实时或定期的数据同步，确保订单管理系统中的数据与外部系统保持一致。这有助于提高订单处理的准确性和效率。随着人工智能和自动化技术的不断发展，越来越多的企业开始将自动化与智能化技术应用于订单处理中。自动化订单处理：通过机器学习和人工智能技术，实现订单的自动化处理流程。自动化审核算法对订单进行快速审核和分配，减少人工干预和错误。根据订单的属性（如交货日期、客户重要性、货物类型等）利用智能算法对订单进行自动分类和优先级排序。这有助于企业更有效地分配资源，提高订单处理的效率。实时收集和分析订单数据，利用大数据和预测分析技术预测未来的订单趋势和市场需求。这有助于企业提前做好准备，优化库存和物流计划。

技术支持与系统集成在订单管理系统中发挥着至关重要的作用。通过先进的技术架构、统一的数据交换标准以及自动化与智能化技术的应用，订单管理系统能够为企业提供高效、准确、稳定的订单处理服务。

（二）数据分析与优化

订单数据的收集与分析方法、基于数据的流程优化与改进策略、预测分析与需求规划。在订单数据的收集与分析过程中，企业需要确保数据的准确性、完整性和时效性，以便更好地支持业务决策。企业可以通过在线调查问卷、社交媒体、客户反馈、数据分析工具等多种渠道收集订单数据。这些数据可以帮助企业了解客户的需求、偏好和行为模式。为了提高数据的质量和可用性，需要对原始数据进行清洗和预处理。这包括消除噪声、错误和不一致性，以及转换数据格式以适应后续的分析工作。企业可以使用数据分析工具对订单数据进行分类、筛选和挖掘，以发现潜在的商业机会和客户需求。例如，可以通过分析客户的购买历史和偏好，预测其未来的购买行为。为了确保数据的准确性和完整性，企业需要定期对订单数据进行更新和维护。这包括添加新数据、删除过时数据和修正错误数据。在识别出问题和机会后，企业需要根据数据分析的结果制定流程优化与改进策略。通过数据分析，企业可以识别出工作流程中存在的问题和“瓶颈”，也可以挖掘出潜在的机会和改进点。例如，企业通过对生产线数据的分析，发现某工序耗时较长，进而优化工序流程。在识别出问题和机会后，企业需要进行具体的流程改进和优化。这可以包括流程重组、流程再造、流程自动化等方面。例如，重新规划工作流程，减少重复环节；通过引入自动化设备，提高生产效率；通过优化供应链，降低成本。流程改进并非一蹴而就，需要不断进行监控和反馈。通过对改进后的流程进行实时监控，收集关键数据，企业可以评估改进的效果，并根据需要进行进一步的调整和优化。预测分析与需求规划是基于历史订单数据和其他相关数据，对未来订单需求和市场趋势进行预测和规划的过程。这个过程包括收集历史订单数据、市场数据、客户数据等，并进行整合和清洗，以确保数据的准确性和可用性。根据业务需求和数据特点，选择合适的预测模型，如时间序列分析、回归分析、机器学习等。通过训练模型，对未来的订单需求和市场趋势进行预测。根据预测结果，制订具体的需求规划，包括库存规划、生产计划、物流计划等。这有助于企业提前做好准备，满足未来的订单需求。对预测结果和实际需求进行实时监控，并根据需要进行调整和优化。这有助于企业更好地应对市场变化和客户需求的变化。

数据分析与优化是企业管理中不可或缺的一部分。有效地收集和分析订单数据，基于数据进行流程优化与改进，以及进行预测分析与需求规划，企业可以更好地满足客户需求，提高业务效率和竞争力。

（三）系统安全与数据保护

订单数据的安全防护措施、隐私保护与合规性要求、系统备份与灾难恢复计划。在电子商务和供应链管理中，订单数据的安全至关重要。为确保订单数据的安全，需要采取一系列的安全防护措施。例如，对订单数据进行加密处理，确保数据在传输和存储过程中的安全性。对访问订单数据的用户进行严格的身份验证和权限管理，确保只有授权用户才能访问和操作数据。使用防火墙和安全组等网络安全设备，防止未经授权的访问和攻击。定期对订单数据进行安全审计和监控，发现潜在的安全隐患并及时处理。在订单数据的处理过程中，隐私保护和合规性要求是必须遵守的。例如，制定并遵守严格的隐私保护政策，确保用户的个人信息不被泄漏、滥用或非法获取。确保订单数据的处理符合国家和地区的法律法规要求，包括数据保护法、隐私法等。需要了解并遵守相关行业的规范要求，如 PCI DSS（支付卡行业数据安全标准）等。为应对可能发生的系统故障或灾难事件，需要制订系统备份与灾难恢复计划。例如，定期对订单数据进行备份，确保在数据丢失或损坏时可以快速恢复。备份数据应存储在安全可靠的地方，并进行定期测试以确保其可用性。制订详细的灾难恢复计划，包括应急响应流程、恢复策略、资源调配等。在发生系统故障或灾难事件时，能够迅速启动恢复计划，尽快恢复系统的正常运行。定期对灾难恢复计划进行演练和测试，评估其有效性和可行性。根据测试结果对计划进行必要的调整和完善。

在数字化时代，企业面临着前所未有的数据安全和隐私保护挑战。订单数据作为企业运营的核心资产，其安全性直接关系企业的声誉、客户信任以及业务连续性。加强系统安全与数据保护显得尤为重要。实施上述提到的安全防护措施，如加密技术、访问控制、防火墙和安全组的应用，以及定期的安全审计和监控，企业可以有效地抵御外部攻击，确保订单数据在传输和存储过程中的安全。遵守隐私保护政策和合规性要求，不仅是法律义务，更是对客户信任的维护。企业应制定并执行严格的隐私保护政策，确保用户的个人信息不被滥用或泄漏，确保业务操作符合相关法律法规和行业标准。系统备份与灾难恢复计划是确保企业业务连续性的重要保障。通过定期备份订单数据并制订详细的灾难恢复计划，企业可以在遭遇系统故障或灾难事件时迅速恢复数据和服务，减少业务中断带来的损失。

系统安全与数据保护是企业运营不可或缺的一部分。只有持续加强安全防护措施、遵守隐私保护与合规性要求，并制订完善的系统备份与灾难恢复计划，企业才能在激烈的市场竞争中保持领先地位，实现可持续发展。

电子商务技术在订单管理中的应用

随着信息技术的飞速发展和互联网的普及，电子商务已成为现代商业活动的重要组成部分。电子商务技术，特别是云计算、大数据、人工智能等前沿科技的融合应用，不仅极大地拓宽了商业交易的边界，还深刻改变了企业的运营模式。其中，订单管理作为电子商务流程中的核心环节，其效率和准确性直接影响着企业的市场竞争力。订单管理，简而言之，就是对企业接收到的客户订单进行全程跟踪、处理与监控的过程。在电子商务环境下，订单管理涵盖从订单接收、确认、处理、发货到售后服务等一系列环节，是连接企业与消费者、实现价值传递的桥梁。由于电子商务的实时性和跨地域性，订单管理面临的挑战也日益增多，如订单信息的快速处理、库存的实时更新、物流的及时配送等。

探讨电子商务技术对订单管理的影响、分析订单管理在电子商务中的重要性，并寻求提高订单管理效率与准确性的策略，对于电子商务企业而言具有重要意义。本节内容旨在综述电子商务技术的发展趋势，分析其为订单管理带来的机遇与挑战，同时探讨优化订单管理的策略与方法，以期为电子商务企业提高运营效率和客户满意度提供理论参考和实践指导。

一、电子商务技术在订单管理中的应用概述

（一）电子商务技术的定义与特点

电子商务技术，简称 EC（Electronic Commerce），是利用计算机网络技术、互联网技术和现代通信技术，实现商业活动的电子化、网络化、自动化和智能化。它涵盖从商品的展示、交易、支付、物流配送到售后服务的全过程，

为商家和消费者提供了一个全新的、高效的交易平台。电子商务技术打破了传统商务活动的地域限制，使得全球的商家和消费者都能通过互联网进行交易。无论是大型企业还是小型个体，都可以利用电子商务技术进入市场，开展商业活动。电子商务技术通过整合供应链、物流配送、支付结算等各个环节的资源，实现了商业活动的协调与配合。这种协调性不仅提高了交易效率，还降低了交易成本。电子商务技术采用多种安全措施，如数据加密、电子签名、防火墙等，保障交易过程的安全性和数据的完整性。它还建立了完善的信用体系，确保交易双方的权益。电子商务技术具有良好的可扩展性，可以随着业务的发展不断扩展和升级。这种可扩展性使得企业能够快速调整以适应市场变化，保持竞争优势。电子商务技术将多个系统集成为一个整体，实现了信息的共享和资源的优化配置。例如，订单管理系统可以与仓库管理系统、物流管理系统等集成，实现订单信息的实时更新和物流信息的实时追踪。电子商务技术通过自动化和智能化的手段，提高了交易效率和处理速度。例如，订单管理系统可以自动处理订单信息，实现快速响应和及时配送。在订单管理中，电子商务技术发挥了重要作用。通过电子商务技术，企业可以实时掌握订单信息，及时处理订单，提高订单处理效率和客户满意度。电子商务技术还可以帮助企业实现库存的实时更新和物流的及时配送，降低库存成本和运输成本，电子商务技术的应用对于提高订单管理水平具有重要意义。

（二）订单管理的基本流程与关键环节

订单接收是订单管理的起点，确保及时、准确地接收订单信息非常重要。企业可以通过多种渠道接收订单，如电子邮件、电话、在线平台等。建立一个有效的订单接收渠道，并确保相关团队成员及时了解订单的细节和要求，以便后续的处理工作。仔细核对订单的详细信息，包括产品数量、型号、规格、价格等，确保与客户的要求一致。订单管理员根据订单处理表的信息进行订单录入，同时对订单信息进行核对、完善。根据订单的要求和数量，生产部门制订生产计划并进行排产。物流部门负责安排运输，选定合适的运输方案和运输工具，并与客户协商确定交货时间和地点。订单审核是确保订单准确性和合规性的重要步骤，包括对订单信息、产品数量和价格的核对。销售部门通过与客户之间的确认环节，确保订单的准确性和一致性。根据订单需求，企业开始进行生产或采购准备工作，以满足订单的要求。生产部门根据订单的要求和生产计划进行生产作业，确保产品的质量和交货时间。在生产或采购完成后，进行质检，确保产品符合质量标准，并进行包装。企业将产品或服务交付给客户，根据订单约定的交货期限进行送货。物流部门按照订单的要求和交货时间将产品配送到客户指定的地点。订单管理部门负责订单的结算工作，包括结算单据的审核、账务处理等工作。及时跟踪客户的满意度，解决客户的问题，并提供售后服务。在整个订单管理过程中，各个环节紧密相连，需要企业各部门之间的紧密协作和高效沟通，以确保订单能够及时、准确地完成，满足客户的需求。

（三）电子商务技术对订单管理流程的优化作用

电子商务技术的广泛应用对订单管理流程产生了显著的优化作用，使得订单处理更加高效、准确和便捷。电子商务技术通过引入自动化和智能化技术，如人工智能、机器学习等，使得订单管理过程中的许多任务能够自动完成。例如，订单管理系统可以自动接收、处理和跟踪订单，减少人工干预，提高处理速度和准确性。智能算法可以帮助预测库存需求，提前进行采购和补货，降低库存积压和缺货风险。电子商务技术使得订单信息能够实时更新和共享，企业可以实时掌握订单状态、库存情况、物流进度等信息，提高了管理的透明度和实时性。客户也可以通过电子商务平台实时查询订单状态，增强了客户体验和满意度。电子商务技术提供了丰富的数据分析工具和方法，企业可以对订单数据进行深入分析，了解客户购买行为、需求趋势等信息，为产品开发和市场营销提供决策支持。通过对历史订单数据的分析，企业还可以发现潜在的问题和机会，进一步优化订单管理流程，提高管理效率。电子商务技术促进了企业内部各部门之间的协同工作。订单管理系统可以与生产、采购、物流等部门的信息系统无缝对接，实现信息的实时共享和协同处理。这有助于打破部门壁垒，提高整体运营效率，确保订单能够及时、准确地完成。电子商务技术使得订单管理过程更加便捷和个性化。客户可以通过电子商务平台自主选择产品、规格、配送方式等，享受更加个性化的服务。订单管理系统可以为客户提供实时订单跟踪功能，让客户随时了解订单状态，提高客户体验和满意度。电子商务技术通过优化订单管理流程，减少了人工干预和纸质文档的使用，降低了管理成本。智能算法和数据分析工具的应用，使企业可以更加精准地预测库存需求和采购计划，降低库存积压和缺货风险，进一步降低成本。

电子商务技术的应用为订单管理流程带来了诸多优化作用，提高了企业的管理效率、客户满意度和市场竞争力。随着技术的不断发展和创新，电子商务技术将在订单管理中发挥更加重要的作用。

二、电子商务技术在订单管理中的具体应用

（一）自动化订单处理系统

自动化订单处理系统是现代电子商务中不可或缺的一部分，它极大地提高了订单处理的效率和准确性，为企业带来了诸多便利。以下是自动化订单处理系统在订单接收与确认、订单状态实时更新与追踪以及自动分配库存与发货管理方面的应用。自动化订单处理系统能够自动接收来自各种渠道的订单，包括电商平台、官方网站、移动应用等。一旦订单被接收，系统会自动进行校验，确保订单信息的完整性和准确性。如果订单信息有误或不符合要求，系统就会自动提示或进行修正，以减少人工审核的工作量。一旦订单信息确认无误，系统会自动生成订单确认信息，并通过邮件、短信等方式实时通知客户，提高客户满意度。自动化订单处理系统能够实时跟踪订单状态，包括订单处理进度、库存情况、物流信息等。客户可以通过系统提供的查询功能，随时了解订单的当前状态。系统还会根据订单的实际处理情况，自动更新订单状态，并通过邮件、短信等方式通知客户。这种实时更新和追踪的功能，大大提高了订单处理的透明度和客户满意度。自动化订单处理系统能够根据订单信息和库存情况，自动进行库存分配和发货管理。当订单被确认后，系统会根据库存数量和订单需求，自动计算出最佳的发货方案，并生成发货指令。仓库管理员只需按照系统指令进行发货操作即可，无须进行烦琐的人工计算和分配。系统还可以与物流公司进行实时对接，自动发送物流信息和发货指令，实现快速、准确的物流配送。

自动化订单处理系统通过自动化、智能化的手段，实现了订单接收与确认、订单状态实时更新与追踪以及自动分配库存与发货管理等关键环节的优化，提高了订单处理的效率和准确性，为企业带来了诸多便利。

（二）数据分析与预测技术在订单管理中的应用

数据分析与预测技术在订单管理中扮演着至关重要的角色，它们为企业提供了洞察消费者行为、预测库存需求、分析销售趋势和预测市场变化的能力。通过收集和分析消费者的历史购买数据，企业可以深入了解消费者的购买习惯、偏好和忠诚度。这种分析有助于企业识别不同消费者群体的特征，

从而制定更精准的营销策略和个性化服务。利用消费者购买行为分析，企业可以预测未来消费者的购买意向，并据此调整产品组合、定价策略和促销活动，以满足消费者的需求。分析历史销售数据、市场需求趋势和库存水平，企业可以预测未来的库存需求。这种预测有助于企业制订更合理的补货计划，避免库存积压和缺货现象的发生。在库存需求预测的基础上，企业可以制定灵活的补货策略，如根据销售季节性变化调整补货频率和数量，或者根据库存周转率优化库存结构。利用数据分析技术，企业还可以实现库存的实时监控和预警，及时发现库存异常情况并采取相应措施，确保库存的平稳运行。分析历史销售数据、市场需求变化和竞争态势，企业可以识别销售趋势和潜在的市场机会。这种分析有助于企业制定更具针对性的销售策略和市场拓展计划。利用销售趋势分析，企业可以预测未来市场的发展趋势，并据此调整产品策略、定价策略和渠道策略，以适应市场的变化。市场预测还有助于企业提前布局新兴市场和发掘潜在的增长点，抢占市场先机。

数据分析与预测技术在订单管理中的应用为企业提供了强大的决策支持工具。它们不仅有助于企业优化订单处理流程和提高运营效率，还有助于企业深入了解市场和消费者需求，制定更精准的营销策略和市场战略。随着技术的不断发展和完善，数据分析与预测技术在订单管理中的应用将会越来越广泛和深入。

（三）云计算与存储在订单管理中的应用

云计算与存储在订单管理中的应用带来了显著的优势，云计算提供了大量的存储空间，使得企业可以将订单数据存储在云端。这不仅节省了本地存储设备的投资成本，还提供了更灵活的数据管理方式。云端存储具有高度的可扩展性和灵活性，企业可以根据需要随时增加或减少存储容量。云备份功能确保了订单数据的安全性和可靠性。即使发生硬件故障、自然灾害等意外情况，企业也可以从云端恢复数据，避免数据丢失。在电商节日、促销活动或新产品发布等高峰期，订单量会迅速增加。云计算的弹性扩展能力允许企业快速增加计算资源和存储资源，以满足高峰期的订单处理需求。通过自动化扩展策略，企业可以预先设定资源扩展的触发条件（如订单量达到某个阈值），从而确保在高峰期到来之前已经准备好足够的资源。弹性扩展不仅提高了订单处理的效率，还降低了企业的运营成本。因为企业只需在需要时支付额外的资源费用，而无须为闲置资源支付费用。云计算提供商通常具有严格的数据安全措施，包括物理安全、网络安全、数据加密等。这些措施确保了存储在云端的订单数据的安全性。企业可以通过访问控制和权限管理功能，限制对订单数据的访问和修改，防止未经授权的访问和数据泄漏。云计算还提供了数据备份和恢复机制，即使发生数据丢失或泄漏事件，企业也可以迅速恢复数据并采取措施防止类似事件再次发生。

云计算与存储在订单管理中的应用为企业提供了更高效、更安全、更灵活的数据管理方式。通过云存储和备份、弹性扩展以及数据安全与隐私保护等功能，企业可以更好地应对各种挑战并提高订单管理的效率和质量。在当今日益发展的电子商务环境中，云计算与存储技术为订单管理带来了革命性的变革。云计算为订单数据提供了高效、便捷的存储解决方案。通过将订单数据存储在云端，企业能够摆脱对传统硬件设备的依赖，降低 IT 基础设施的维护成本。云存储还具有高度可扩展性，能够根据企业业务的发展需要随时增加或减少存储容量。云备份功能确保了订单数据的安全性和可靠性，即使在面对硬件故障、自然灾害等突发情况时，企业也能迅速恢复数据，保障业务连续性。在电商促销、节假日等高峰期，订单量会急剧增加，这对订单处理系统提出了巨大的挑战。云计算的弹性扩展能力使得企业能够迅速增加计算资源和存储资源，以满足高峰期的订单处理需求。通过自动化扩展策略，企业可以预先设定资源扩展的触发条件，确保在高峰期到来之前已经准备好足够的资源。这种弹性扩展不仅提高了订单处理的效率，还降低了企业的运营成本，企业只需在需要时支付额外的资源费用。

在订单管理中，数据的安全性和隐私保护至关重要。这些安全措施和策略确保了订单数据在云计算环境中的安全性和隐私性，为企业提供了可靠的数据保障。云计算与存储在订单管理中的应用为企业带来了显著的优势。通过云存储和备份、弹性扩展以及数据安全与隐私保护等功能，企业能够更好地应对各种挑战，提高订单管理的效率和质量。随着技术的不断发展和完善，云计算与存储在订单管理中的应用将会越来越广泛和深入。

（四）移动技术在订单管理中的应用

移动技术在订单管理中的应用为企业带来了前所未有的便利和效率提高。销售人员或客户可以直接在移动设备上录入订单信息，实时查看订单状态、库存情况等。这种便捷性大大提高了订单处理的效率。管理层或审批人员可以在任何地点通过移动设备对订单进行审批或审核，减少因地点限制导致的工作延误。利用移动设备，管理层可以随时随地查看订单报表、销售趋势等数据，为决策提供有力支持。企业可以通过移动应用或社交平台为客户提供即时聊天和咨询服务，解答客户疑问，提高客户满意度。通过移动设备向客户推送订单状态更新、促销活动等通知，增强客户与企业的互动和黏性。客户可以在移动设备上提交服务反馈，企业可以实时了解客户需求和满意度，不断优化服务。利用移动设备的定位功能，企业可以实时追踪配送员或货物的位置，确保物流配送的准确性和及时性。根据实时交通信息和配送员位置，智能优化配送路线，降低配送成本和缩短配送时间。对于配送中的异常情况（如交通拥堵、配送员迟到等），企业可以迅速通过移动设备获取信息并作出相应处理。

移动技术在订单管理中的应用为企业带来了更高的效率、更好的客户体验和更低的运营成本。随着移动技术的不断发展和完善，其在订单管理中的应用将会越来越广泛和深入。移动技术在订单管理中的应用极大地提高了订单处理的效率、客户服务的质量以及物流配送的精准性。通过移动设备，无论是销售人员还是管理层，都可以实现快速、便捷的订单处理与管理。订单录入、查询、审批和报表分析等核心功能都能够在移动设备上完成，极大地提高了工作效率和响应速度。此外，移动设备的使用也打破了地域限制，使得订单管理更加灵活和高效。移动技术为客户服务提供了全新的沟通渠道和工具。通过即时聊天、推送通知等功能，企业能够与客户保持实时联系，解答疑问、提供咨询和发送订单状态更新等信息。这种实时沟通不仅提高了客户满意度，还为企业赢得了客户的信任和忠诚度。同时，客户也可以通过移动设备提交服务反馈，帮助企业不断优化服务质量和提升客户满意度。移动设备的定位功能为物流配送带来了革命性的变化。通过实时位置追踪，企业可以准确掌握配送员和货物的位置信息，确保物流配送的准确性和及时性。智能配送路线优化功能可以根据实时交通信息和配送员位置自动调整配送路线，降低配送成本和缩短配送时间。在配送过程中，对于异常情况如交通拥堵、配送员迟到等，企业也可以迅速通过移动设备获取信息并作出相应处理，确保订单能够按时送达客户手中。

移动技术在订单管理中的应用为企业带来了诸多好处。它提高了订单处理的效率和响应速度，优化了客户服务体验，提高了物流配送的精准性和效率。随着移动技术的不断发展和完善，未来移动技术在订单管理中的应用将会更加广泛和深入。

三、电子商务技术提高订单管理效率的实践与经验

（一）对比分析传统订单管理与电子商务技术支持下的订单管理效果

对比分析传统订单管理与电子商务技术支持下的订单管理效果，我们可以看到明显的差异和优势。传统订单管理主要依赖于人工操作和纸质记录，这种方式在处理订单时存在诸多限制和弊端。它需要人工进行订单录入、审核、处理和跟踪，这个过程耗时且容易出错，导致订单处理效率低下。由于订单信息主要依赖于纸质记录，信息的传递和共享受到限制，导致供应链中的各个环节难以形成高效协同。由于缺乏实时的订单跟踪和反馈机制，客户无法及时了解订单状态，导致客户服务质量下降。电子商务技术的引入和应用极大地改善了订单管理的效果。在电子商务技术的支持下，订单可以实现自动化处理，包括自动录入、审核、处理和跟踪等，大大提高了订单处理的效率。电子商务平台可以实时处理大量的订单和支付，进一步提高了订单处理的效率。电子商务技术支持下的订单管理可以实现信息的实时共享和传递，使得供应链中的各个环节能够形成高效协同。此外，电子商务平台还可以提供实时的订单跟踪和反馈机制，让客户随时了解订单状态。电子商务平台，客户可以实时查询订单状态、支付情况等信息，提高了客户服务的透明度和效率。电子商务平台还可以提供多种客户服务方式，如在线客服、语音服务等，进一步提高客户满意度。

通过对比分析可以看出，电子商务技术支持下的订单管理在效率、信息透明度和客户服务质量等方面都明显优于传统订单管理。电子商务技术的应用使得订单处理更加自动化、智能化和高效化，为企业带来了更多的商业机会和竞争优势。越来越多的企业开始采用电子商务技术来支持其订单管理业务。

（二）面临的挑战、解决方案及经验教训

电子商务订单系统需要与各种第三方服务进行集成，如支付系统、物流系统等。不同技术系统之间的兼容性、接口对接难题以及技术升级带来的系统风险都是电子商务订单系统面临的挑战。订单数据量大、类型多、处理复杂，对数据存储、清洗、分析等技术提出了更高要求。如何有效地管理和分析这些数据，以支持企业的运营决策，是一个重要挑战。电商订单系统的稳

定性直接影响到订单处理的正常运转，而系统的安全性则关系到交易数据的安全可靠。如何确保系统的稳定运行和交易数据的安全是另一个重要挑战。订单系统不仅是后台系统，也是用户的前台体验。如何提供优质的客户服务，确保用户体验的满意度，是电商企业需要关注的问题。企业应持续投入研发资源，加强技术创新能力，确保订单系统能够与各种第三方服务高效集成，并及时跟进技术发展进行系统升级。企业应建立完善的数据管理体系，利用大数据、人工智能等技术对订单数据进行深度挖掘和分析，为管理层提供决策支持。企业应采用先进的加密技术、建立健全的风险监控机制，确保交易数据的安全可靠。加强系统的备份和恢复能力，确保系统的稳定运行。企业应建立完善的客户服务体系，提供多种客户服务方式，如在线客服、语音服务等，确保客户能够及时获得帮助和解决问题。企业应关注用户反馈，不断优化用户体验。技术是推动电商企业发展的重要动力。企业应重视技术投入，持续加强技术研发和创新能力，以应对市场竞争和技术挑战。数据是电商企业的核心资产。企业应建立完善的数据管理体系，充分挖掘和利用数据的价值，为企业的运营决策提供有力支持。系统的稳定性和安全性是电商企业的生命线。企业应高度重视系统的稳定性和安全性问题，采取有效措施确保系统的正常运行和交易数据的安全可靠。客户服务与体验是电商企业的重要竞争力。企业应不断优化客户服务体系，提高客户服务质量，确保用户能够享受到优质的购物体验。

电子商务技术支持下的订单管理在为企业带来显著效率提高和效益提升的同时，也面临着多方面的挑战。技术集成与升级是订单管理系统必须面对的首要问题，它要求企业具备强大的技术研发和创新能力，以确保系统能够与各种第三方服务高效集成，并适应快速变化的技术环境。数据管理与分析成为订单管理系统运行的关键。随着订单数据的不断增长和复杂化，企业需要建立完善的数据管理体系，并利用大数据、人工智能等先进技术对订单数据进行深度挖掘和分析，从而为企业的运营决策提供有力支持。系统稳定性与安全性则是订单管理系统运行的基石。电商企业应高度重视系统的稳定性和安全性问题，采用先进的加密技术、建立健全的风险监控机制，确保交易数据的安全可靠，并加强系统的备份和恢复能力，确保系统的稳定运行。客户服务与体验是电商企业不可忽视的一环。企业应建立完善的客户服务体系，提供多样化的客户服务方式，关注用户反馈，不断优化用户体验，以提升客户满意度和忠诚度。

通过总结这些经验教训，电商企业应重视技术投入，持续加强技术研发和创新能力，要注重数据的价值，建立完善的数据管理体系，挖掘和利用数据的潜力；要关注系统的稳定性和安全性，确保系统的正常运行和交易数据的安全可靠；要优化客户服务与体验，提升客户满意度和忠诚度，从而赢得市场竞争的主动权。

第 4 章

库存管理在电子商务中的挑战

在电子商务的繁荣浪潮中，库存管理作为供应链管理的核心环节之一，扮演着至关重要的角色。然而，随着电子商务市场的快速发展和消费者需求的日益多样化，库存管理面临着前所未有的挑战。为了应对这些挑战，企业需要不断改进和创新库存管理模式，采用先进的库存管理软件和技术手段，提高库存管理的精准度和效率。同时，企业还需要与供应链上下游合作伙伴紧密合作，共同构建高效、协同的供应链体系，以应对电子商务市场的不断变化和发展。

实时库存管理技术

实时库存管理技术是一种用于实时追踪、监控和管理库存状态的技术手段。它结合了信息技术、物联网设备、自动化和数据分析工具，确保企业能够实时获取准确的库存信息，以便作出快速而明智的决策。这种技术通过集成各种先进的工具和系统，如RFID（无线射频识别）技术、条码扫描、手持终端、仓储管理系统（WMS）等，来确保库存数据的准确性和实时性。

一、实时库存管理技术的关键

（一）数据采集

数据采集是实时库存管理技术的关键之一。企业通过RFID、条码扫描、手持终端等设备实时采集仓库内物品的相关信息，为库存管理提供实时、准确的数据支持。实时、准确的数据采集能够确保库存信息的准确性和实时性，帮助企业优化库存管理流程，提高供应链的运作效率。

企业通过RFID、条码扫描、手持终端等设备，实时采集仓库内物品的相关信息，包括物品种类、数量、位置、状态、日期等。这些设备能够准确、快速地读取和传输数据，为库存管理提供实时、准确的数据支持。在实时库存管理中，数据采集是获取仓库内物品实时信息的首要步骤。只有准确、快速地采集到库存物品的相关信息，企业才能作出基于实时数据的决策，优化库存管理流程，确保供应链的顺畅运行。RFID技术通过无线电波识别特定目标并读写相关数据，无须建立机械或光学接触。在实时库存管理中，RFID标签可以附着在物品上，通过RFID读写器实时读取物品信息，包括种类、数量、位置等。条码扫描是一种广泛使用的数据采集方式，通过在物品上粘贴条码，并使用条码扫描枪读取条码信息，可以快速获取物品的相关信息。条码扫描具有成本低、易于实施等优点，适用于各种规模的仓库。手持终端是一种集数据采集、处理和传输于一体的移动设备。通过手持终端，作业人员可以实时查看库存信息、扫描条码、输入数据等，实现对库存的实时管理和监控。

实时库存管理技术要求数据采集具有实时性，即能够实时读取和传输物品信息。这要求数据采集设备具备快速、准确的数据处理能力，以及稳定、可靠的数据传输能力。同时，数据采集系统需要能够实时更新库存数据，确保数据的准确性和实时性。除了实时性外，数据采集的准确性也是实时库存管理技术的关键。准确的数据采集能够为企业提供可靠的库存信息，帮助企业作出正确的决策。数据采集设备需要具备高精度、高可靠性的性能，以确保采集到的数据准确无误。

（二）数据处理

数据处理是实时库存管理技术的关键环节之一。WMS 作为数据处理的核心，负责接收、验证、处理、分析和存储来自各种数据采集设备的数据。通过实时、准确地处理和分析数据，WMS 能够为企业提供关于库存状态、订单进度、出入库记录等关键信息，帮助企业作出基于实时数据的决策。仓储管理系统（WMS）将采集到的数据进行处理和分析，生成库存数据、订单数据、出入库记录等信息，并将其存储在数据库中。WMS 能够实时更新库存数据，确保数据的准确性和实时性。在实时库存管理技术中，数据处理是另一个至关重要的环节。仓储管理系统（WMS）作为数据处理的核心，不仅负责接收来自各种数据采集设备（如 RFID、条码扫描、手持终端等）的数据，还负责对这些数据进行处理、分析和存储。WMS 的数据处理功能对于实时库存管理至关重要。通过实时、准确地处理和分析数据，WMS 能够为企业提供关于库存状态、订单进度、出入库记录等关键信息，帮助企业作出基于实时数据的决策。数据处理流程 WMS 接收来自数据采集设备的数据。这些数据可能包括物品种类、数量、位置、状态、日期等。WMS 会对接收到的数据进行验证，以确保数据的准确性和完整性，包括对数据的格式、范围、一致性等进行检查。经过验证的数据会被 WMS 进一步处理，可能包括数据清洗（去除重复、错误或无效的数据）、数据转换（将数据转换为统一的格式或单位）和数据聚合（将多个相关数据项组合成一个更有意义的数据集）。WMS 会对处理后的数据进行深入分析，以生成各种有用的信息。这些信息可能包括库存水平、库存周转率、订单处理时间、出入库频率等。分析后的数据会被存储在 WMS 的数据库中。这些数据可用于后续的查询、报告和决策支持。WMS 能够实时更新库存数据，确保数据的准确性和实时性。当有新的数据（如入库、出库、库存调整等）产生时，WMS 会立即处理这些数据并更新库存状态。这使得企业能够实时掌握库存情况，及时应对各种变化。数据的准确性和实时性是实时库存管理的核心要求。WMS 通过采用先进的数据处理技术和算法，确保数据的准确性和实时性。同时，WMS 还会定期进行数据校验和备份，以确保数据的完整性和安全性。

（三）任务分配

任务分配是 WMS 根据库存数据、订单数据和出入库记录等信息，自动分配任务给作业人员，包括入库、出库、库存盘点、库存移动等任务。这种自动化的任务分配方式能够大大提高仓库的运作效率。在实时库存管理技术中，任务分配是一个至关重要的环节。仓储管理系统（WMS）根据实时更新的库存数据、订单数据和出入库记录等信息，能够自动、高效地分配任务给作业人员。这些任务可能包括入库、出库、库存盘点、库存移动等。任务分配是确保仓库高效运作的关键。通过 WMS 的任务分配功能，企业可以实时掌握仓库内的工作需求，并将任务分配给最适合的作业人员。这不仅可以提高仓库的运作效率，还可以减少资源浪费和人为错误。WMS 的任务分配通常基于一系列算法和规则，以确保任务的合理性和高效性。根据订单的重要性、紧急程度或客户要求等因素，对任务进行优先级排序。重要的或紧急的任务将被优先处理。WMS 会考虑作业人员在仓库内的位置、路径和作业效率等因素，为作业人员分配最合理的任务。这有助于减少作业人员的移动距离和时间，提高作业效率。WMS 会尽量将任务分配给工作量相对较少的作业人员，以确保工作量的均衡分配。这有助于避免某些作业人员过度忙碌，而其他人员则空闲无事的情况发生。

（四）任务执行

作业人员按照 WMS 分配的任务执行仓库操作，包括扫描条码、拣选货物、移动货物、打包发货等。这些操作都能够在 WMS 的实时监控下进行，确保操作的准确性和效率。在仓库运营中，确保整个仓库运作流畅和准确的关键环节。作业人员在执行任务前，需要扫描货物的条码或 RFID 标签。这一操作能够迅速准确地识别货物的信息，如种类、数量、批次、存储位置等。WMS 系统通过对比扫描到的数据与系统中的库存数据，验证货物的准确性，并更新库存状态。根据 WMS 系统分配的任务，作业人员前往指定位置拣选货物。WMS 系统通常会为作业人员提供最优的拣选路径，以减少行走距离和时间。在拣选过程中，作业人员再次扫描货物条码，确保拣选正确，并实时更新库存数据。当货物需要从一个位置转移到另一个位置时（如从存储区到发货区），WMS 系统会指导作业人员移动货物。这包括使用叉车、堆高机、AGV（自动导引车）等设备进行货物的搬运和堆垛。WMS 系统会实时监控货物的移动情况，确保货物安全准确地到达指定位置。在拣选和移动完成后，作业人员需要按照订单要求对货物进行打包，并准备发货。WMS 系统会提供详细的打包指导，包括货物数量、包装材料、打包顺序等。打包完成后，作业人员会扫描包裹条码，并将发货信息传输给 WMS 系统，以便进行后续的发货跟踪和物流安排。在整个任务执行过程中，WMS 系统会实时监控作业人员的操作情况。这包括扫描条码的准确性、拣选和移动的效率、打包的规范性等。如果发现异常情况或操作错误，WMS 系统会及时发出警告或提示，以便作业人员及时纠正。WMS 系统的实时监控和自动化任务分配功能，可以大大提高仓库操作的效率和准确性。作业人员无须手动查找货物位置或记录库存信息，只需按照 WMS 系统的指示进行操作即可。这不仅减少了人为错误的可能性，还提高了作业人员的工作效率和整体仓库的运作效率。作业人员按照 WMS 系统分配的任务执行仓库操作，是确保仓库运作流畅和准确的关键环节。WMS 系统的实时监控和自动化功能，为仓库操作提供了强有力的支持，提高了仓库的运作效率和准确性。

（五）数据更新

WMS 根据作业人员的操作，实时更新库存数据、订单数据和出入库记录等信息，确保数据的准确性和实时性。这种实时的数据更新能够为企业提供及时的库存信息，帮助企业作出更加准确的决策。WMS（Warehouse Management System）的核心功能之一是实时更新库存数据、订单数据和出入库记录等信息。这一功能确保了数据的准确性和实时性，为企业提供了及时、准确的库存信息，从而帮助企业作出更加精准的决策。在快速变化的商业环境中，库存数据的实时性至关重要。WMS 通过实时更新库存数据，确保企业能够随时掌握仓库中商品的准确数量、位置和状态。当市场需求发生变化时，企业可以根据实时库存数据快速调整生产和采购计划，以满足市场需求。实时数据更新有助于企业及时发现库存积压或缺货的问题，从而采取相应的措施进行优化。通过准确的库存信息，企业可以确保按时、按量地向客户发货，提高客户满意度。

作业人员根据 WMS 分配的任务执行仓库操作，如扫描条码、拣选货物、移动货物、打包发货等。在执行操作的过程中，作业人员使用的设备（如手持终端、RFID 读写器等）会将操作数据实时传输给 WMS。WMS 接收到操作数据后，会进行验证以确保数据的准确性和完整性。例如，它会检查扫描的条码是否与系统中的数据匹配。经过验证的数据会被 WMS 用于更新库存数据、订单数据和出入库记录等信息。这包括更新商品的库存数量、位置、状态等。WMS 还会将更新后的数据同步到其他相关的系统或平台，如 ERP（企业资源规划）系统、电商平台等，以确保企业各部门数据的一致性和协同性。实时的数据更新使得企业能够基于最新的库存信息作出决策，从而提高决策的准确性和有效性。通过实时更新库存数据，企业可以及时发现并解决库存积压、缺货等问题，降低由此带来的风险。实时的数据更新有助于企业优化仓库布局、提高作业效率，从而降低运营成本并提高客户满意度。

WMS 通过实时更新库存数据、订单数据和出入库记录等信息，为企业提供了及时、准确的库存信息。这种实时的数据更新能力使得企业能够更好地应对市场变化、优化库存管理并提高客户满意度。

二、实时库存管理技术的优点和缺点

实时库存管理技术能够实时追踪、监控和管理库存状态，确保库存数据的准确性和实时性。这使得企业能够及时了解库存情况，作出更加准确的决策。通过自动化和智能化的手段，实时库存管理技术能够大大提高仓库的运作效率。例如，自动化的拣选、移动和打包等操作能够减少人工错误和浪费，提高作业效率。实时库存管理技术可以帮助企业减少不必要的库存，降低库存成本。通过优化仓库运作流程，企业还可以降低人力成本和其他运营成本。实时库存管理技术能够确保企业及时准确地满足客户订单需求，提高客户满意度。这有助于企业建立良好的品牌形象和口碑。实时库存管理技术通常包括批次信息的自动采集功能，这有助于实现对产品生产或销售过程的可追溯性，提高产品质量和安全性。

库存管理系统存储了企业的库存信息和财务信息，一旦系统被黑客攻击或数据泄漏，将会带来重大损失。企业需要投入大量资源来确保系统的安全性。库存管理系统的使用需要具备一定的信息技术和财务专业知识，而员工的培训难度较大，需要花费一定的人力成本。虽然实时库存管理技术能够实时追踪库存状态，但如果数据更新不及时或存在误差，将会影响企业的生产和销售。

企业需要确保系统的稳定性和可靠性，并定期进行数据核对和校验。实时库存管理技术需要配备相应的硬件和软件设备，以及专业的技术人员进行维护和管理。这可能导致初始投资成本较高，对于一些中小型企业来说可能难以承受。随着技术的不断发展，实时库存管理技术也需要不断更新和维护以保持其竞争力和有效性。这可能需要企业投入额外的资金来购买新的硬件和软件设备，以及进行技术培训和人员调整。

实时库存管理技术在提高库存准确性、优化库存管理、提高客户满意度等方面具有显著优点，但也存在一定的缺点和挑战。企业在选择是否采用实时库存管理技术时，需要综合考虑自身的实际情况和需求，权衡利弊，作出明智的决策。

三、实时库存管理技术的发展趋势

云计算和大数据技术的不断发展，实时库存管理系统将能够处理更大规模、更复杂的数据集。这将使企业能够更准确地预测市场需求，优化库存水平，减少库存积压和缺货现象。物联网技术将更深入地集成到实时库存管理系统中，通过无线传感器、RFID 标签等设备实时追踪库存的移动和状态。这将提高库存数据的准确性和实时性，帮助企业实现更精细化的库存管理。AI 和 ML 技术将在实时库存管理中发挥越来越重要的作用。通过学习和分析历史数据，系统可以自动优化库存策略，预测库存需求，甚至实现自动化补货和订单处理。这将进一步提高库存管理的效率和准确性。实时库存管理系统将与供应链中的其他系统（如 ERP、SCM 等）进行更紧密的协同和整合。这将使企业能够更全面地掌握供应链中的信息，实现更高效的供应链管理和协同。随着数据泄漏和网络攻击的风险不断增加，实时库存管理系统将更加注重数据的安全性和隐私性。通过加强数据加密、访问控制等措施，系统将保护企业的敏感数据免受攻击和泄漏。自动化和智能化将是未来实时库存管理技术的另一个重要发展方向。引入更多的自动化设备和智能算法，系统将能够更快速地处理库存数据，实现更高效的库存管理和操作。

未来实时库存管理技术的发展趋势将集中在扩大数据处理的规模和提高数据处理的能力、实现更精细化的库存管理、加强供应链协同和整合、提升安全性和隐私性以及实现更高效的自动化和智能化等方面。

在线购物的普及，电商物流中心需要处理大量的订单和库存。实时库存管理技术可以实时监控库存状态，优化订单处理流程，确保商品从接收订单到拣选、打包、发货的每一步都能实现自动化和智能化。这不仅能提高订单处理效率，还能减少人工错误和降低库存成本，提升客户满意度。对于制造业而言，物料的及时供应是保障生产连续性的关键。实时库存管理技术可以实现对原材料的精确追踪和管理，确保生产线上的物料供应与需求相匹配。系统还能优化存储空间的利用，减少物料搬运的时间和距离，从而提高整体生产效率。在竞争激烈的批发零售市场中，准确掌握和管理库存是企业取得竞争优势的关键因素之一。实时库存管理技术可以帮助零售企业实时监控库存状态，避免库存积压或缺货现象的发生。系统还能根据销售数据和市场需求动态调整库存分布，实现资源的最优配置。在多渠道分销模式中，商品需要被分发到不同的零售点或直接送达消费者手中。实时库存管理技术支持复杂的库存分配逻辑，能够根据销售数据和市场需求动态调整库存分布，确保商品能够及时、准确地送达目的地。在智慧城市公安系统中，实时库存管理技术可用于构建实时布控系统，服务于公安案件侦破。系统可以通过实时采集、分析、预警等方式，实现实时预警、实时布控、实时抓捕等功能，提高公安工作的效率和准确性。实时库存管理技术具有广泛的应用场景，可以在电商物流中心、制造业、零售业、多渠道分销网络以及智慧城市公安系统等领域发挥重要作用，提高运营效率和管理水平。

随着移动设备的普及和远程监控技术的发展，实时库存管理系统将支持更多的移动设备和远程访问方式。这将使企业能够随时随地监控库存状态，快速响应市场变化，提高客户满意度。

库存策略与成本控制

库存策略和成本控制是企业运营中的两个重要方面，它们对企业的盈利能力和市场竞争力具有重要影响。企业需要制定合理的库存策略并加强成本控制以实现盈利能力和市场竞争力的提升。

一、库存策略

库存策略是指企业在管理物资、原材料或成品等库存时所采取的一系列管理策略和方法。合理的库存策略对企业的运营效率和资金流动具有重要的影响。

企业需要根据历史销售数据、市场趋势等因素来预测未来的市场需求，并据此制定库存策略。通过精准的市场需求预测，企业可以避免库存积压或缺货现象，提升客户满意度。企业建立长期稳定的合作关系可以帮助企业优化采购成本和供应稳定性。企业与供应商建立长期合作关系可以确保在需要时能够及时获得所需的物资，避免因缺货而影响生产进度。

库存策略也是企业管理中至关重要的一环，它直接关系企业的运营效率、资金流动以及市场竞争力。市场需求预测是制定库存策略的基础。通过对历史销售数据、市场趋势、消费者行为等因素的深入分析，企业可以预测未来一段时间内市场对产品的需求情况。精准的市场需求预测有助于企业避免库存积压和缺货现象。库存积压会占用大量资金，增加企业的运营成本；缺货则可能导致客户流失和声誉受损。ABC 分类法是一种常用的库存分类管理方法。它根据库存物品的价值、重要性、使用频率等因素将库存分为 A、B、C 三类。A 类货物是价值高、重要性大、使用频繁的物品，需要实行严格的库存管理，如频繁盘点、优先补货等；B 类货物价值中等、使用频率一般，可以实行一般管理；C 类货物价值低、使用频率低，可以进行粗放管理。通过 ABC 分类法，企业可以优化库存结构，将更多的管理资源和注意力集中在重要的库存物品上，提高库存管理的效率。与供应商建立长期稳定的合作关系对优化采购成本和供应稳定性至关重要。长期合作关系可以确保企业在需要时能够及时获得所需的物资，避免因缺货而影响生产进度。长期合作还可以帮助企业获得更优惠的采购价格、更灵活的付款条件等。

企业应积极与供应商建立长期合作关系，并加强与供应商的沟通和协作，共同应对市场变化和挑战。库存周转率是衡量库存管理效率的重要指标。它反映了企业库存物品从入库到出库的速度。提高库存周转率可以减少库存积压和资金占用，降低库存成本。企业可以通过优化采购计划、加强库存管理、提高生产效率等方式来提高库存周转率。库存策略的制定应与企业整体战略相结合。不同的企业战略对库存的要求也不同。对于追求快速响应市场的企业来说，需要保持较高的库存水平以满足市场需求；对于追求成本控制的企业来说，则需要通过优化库存管理来降低库存成本。在制定库存策略时，企业需要充分考虑自身的战略目标和市场环境，确保库存策略与企业战略的一致性。

合理的库存策略对企业的运营效率和资金流动具有重要的影响。企业应通过精准的市场需求预测、采用ABC分类法优化库存结构、建立长期合作关系以及提高库存周转率等方式来制定和执行有效的库存策略。同时，企业还应将库存策略与企业战略相结合，确保库存策略与企业目标的一致性。

二、成本控制

成本控制是保证成本在预算估计范围内的工作，主要包括对实际成本的检测、预测准备以及给出保持成本与目标相符的措施。企业需要对实际成本进行持续的监督，及时发现实际成本与计划的偏离，并采取相应的措施进行调整。这有助于企业将成本控制在预算范围内，避免浪费。在成本控制过程中，企业需要根据实际情况合理改变成本基准。成本控制必须与范围控制、进度控制、质量控制等相结合，以确保整个项目的顺利进行。这些管理活动之间的协调与配合有助于企业实现成本控制的目标。成本控制是企业管理中的一项核心任务，它涉及对实际成本的持续监督、预测准备以及采取措施确保成本与目标相符。

成本控制的根本目标是在保证产品质量、满足客户需求的前提下，通过合理有效的管理手段，使实际成本控制在预算范围内，防止资源的浪费，提高企业的经济效益。企业需要定期对实际发生的成本进行核算和分析，了解成本的构成和变化趋势，及时发现成本超支或节约的情况。基于历史数据和市场趋势，预测未来一段时间内的成本变化，为成本控制提供决策依据。根据成本监测的结果和预测准备的数据，制定针对性的成本控制措施，如优化采购流程、提高生产效率、降低人工成本等。成本控制应在保证产品质量和满足客户需求的前提下进行，不能为了降低成本而损害企业的声誉和利益。成本控制措施应切实有效，能够显著降低实际成本，提高企业的经济效益。成本控制应贯穿企业的整个经营过程，从产品设计、生产、销售等各个环节入手，实现全过程的成本控制。成本控制必须与范围控制、进度控制、质量控制等相结合，以确保整个项目的顺利进行。这些管理活动之间的协调与配合有助于企业实现成本控制的目标。范围控制关注项目的范围变更，防止范围蔓延导致成本超支；进度控制关注项目的进度计划，确保项目按时完成，避免时间拖延带来的额外成本；质量控制关注产品或服务的质量，防止因质量问题导致的返工和维修成本。

（一）成本控制的方法

1. 目标成本法

目标成本法是一种以市场为导向的成本控制方法。它先确定目标售价和目标利润，然后倒推计算出目标成本。这种方法强调在产品设计阶段就考虑成本因素，确保产品在满足市场需求的同时，将成本控制在目标范围内。在应用目标成本法时，企业需要对市场进行深入研究，了解竞争对手的价格和成本结构，以及客户的需求和偏好。企业还需要与供应商、研发部门、生产部门等协同合作，共同制定和实施成本控制措施。

2. 作业成本法

作业成本法是一种以作业为基础的成本控制方法。它将企业的生产经营活动划分为若干个作业或作业中心，然后对每个作业或作业中心进行成本核算和控制。这种方法强调对作业活动的深入分析和改进，以避免浪费和损失。在应用作业成本法时，企业需要识别和定义作业或作业中心，并对每个作业或作业中心进行成本动因分析。通过作业成本法，企业可以更准确地了解成本发生的来源和动因，从而制定更加有效的成本控制措施。

3. 标准成本法

标准成本法是一种基于预先制定的标准成本进行成本控制的方法。它先制定产品的标准成本，然后将实际成本与标准成本进行比较，分析差异产生的原因并采取相应的措施。这种方法强调在生产过程中进行成本控制，确保实际成本不偏离标准成本。在应用标准成本法时，企业需要制定合理、准确的标准成本，并对实际成本进行定期核算和分析。企业还需要建立有效的成本控制机制，确保将实际成本控制在标准成本范围内。

在实施成本控制时，企业还需要考虑成本发生的变动性与固定性、成本对产品的直接性和间接性、成本的可控性和不可控性等因素，以制定更加科学合理的成本控制策略。成本控制是企业管理中的一项重要任务，需要企业从多个方面入手，制定科学合理的控制策略和方法，确保将成本控制在预算范围内，提高企业的经济效益和市场竞争力。

（二）成本控制的应用场景

成本控制的应用场景非常广泛，涵盖了多个行业和领域。无论是生产制造、物流运输、服务行业还是项目管理等领域，都需要通过成本控制来降低运营成本、提高经济效益和竞争力。生产制造企业需要通过成本控制来优化生产成本，提高生产效率。这包括原材料采购、生产设备维护、人力成本等方面的控制。通过实施成本控制，企业可以降低生产成本，提高产品竞争力。物流企业需要利用成本控制来优化物流成本，提高物流运作效率。这包括运输成本、仓储成本、配送成本等方面的控制。通过精细化的成本管理，物流企业可以降低运营成本，提高服务质量和客户满意度。服务业同样需要进行成本控制，以确保服务质量和客户满意度。例如，酒店、餐饮、零售等行业都需要对人力成本、采购成本、营销成本等进行控制。通过成本控制，服务业企业可以提高经营效率，降低运营成本，提高客户满意度。在项目管理中，成本控制是确保项目成功的重要因素之一。项目经理需要制定详细的项目预算，对项目的各项费用进行监控和控制，确保项目成本在预算范围内。通过成本控制，项目经理可以及时发现并解决成本超支问题，确保项目的顺利进行。

随着数字化转型的加速推进，成本控制将不仅仅局限于传统的成本控制领域，还将逐步应用于战略决策、风险管理等领域。企业可以通过成本控制来评估不同战略方案的成本效益，为战略决策提供有力支持。企业可以通过成本控制发现生产或服务过程中的浪费和低效率问题，进而采取相应的措施进行改进。通过降低库存成本、优化生产流程、提高设备利用率等方式来降低生产成本。成本控制是企业运营中不可或缺的一部分，它可以帮助企业降低运营成本，提高经济效益和竞争力。企业需要更加重视成本控制，不断优化成本控制策略和方法，以适应市场的变化和满足客户的需求。

三、库存策略与成本控制的关联

库存策略与成本控制之间存在着密切的关联。合理的库存策略可以降低库存持有成本、缺货成本和采购成本等，从而帮助企业实现成本控制的目标。同时，成本控制也需要关注库存策略的制定和执行情况，确保库存策略不会增加不必要的成本负担。当企业采用精益库存管理策略时，通过减少库存积压和缺货现象可以降低库存持有成本和缺货成本。精益库存管理策略还需要关注采购成本和供应稳定性等方面的因素，以确保库存策略的顺利实施。

库存策略是指企业在生产和销售过程中，对库存的管理和控制的一系列决策和措施。这包括确定库存水平、库存结构、库存补充策略等方面，以确保库存能够满足客户需求，避免过多的库存积压和资金占用。成本控制则是保证成本在预算估计范围内的工作，它涉及对企业生产经营过程中发生的各种耗费进行计算、调节和监督，以发现薄弱环节，挖掘内部潜力，寻找一切可能降低成本的途径。

（一）库存策略与成本控制之间关联的主要体现

库存水平的高低直接影响企业的成本。过高的库存水平会导致储存、资本和运营成本的上升，而过低的库存水平则可能增加缺货和订单成本。因此，制定合适的库存策略，确保库存水平在合理的范围内，是成本控制的重要一环。库存补充策略的选择也会影响到成本控制。例如，采用定期订货策略还是定量订货策略，以及订货点的确定等，都会影响库存成本和资金占用。因此，在制定库存策略时，需要综合考虑成本控制的要求，选择最适合的库存补充策略。库存策略和成本控制并不是孤立存在的，它们需要相互协同，共同实现企业的目标。通过制定合适的库存策略，可以降低库存成本，提高资金利用效率；通过有效的成本控制，可以进一步降低企业的总成本，提高企业的竞争力。在制定库存策略时，需要充分考虑成本控制的要求；在进行成本控制时，也需要关注库存策略的影响。只有两者相互协同，才能实现企业的目标，提高企业的经济效益。库存策略的制定和实施直接影响企业的成本控制效果，而成本控制的目标和要求也反过来指导库存策略的选择。

（二）库存策略对成本控制的影响

库存策略决定了企业持有的库存量，而库存量又直接影响库存持有成本。过高的库存量会导致资金占用过多，增加库存持有成本；过低的库存量则可能导致缺货成本上升。制定合适的库存策略，平衡库存量与成本之间的关系，是成本控制的关键。订货成本是指企业为获取库存而支付的采购成本、运输成本、验收成本等。库存策略决定了订货的频率和数量，进而影响订货成本。库存策略中的 ABC 分类法也可以对成本控制产生影响。通过将库存按照重要性分为 A、B、C 三类，企业可以优先处理重要的库存，优化库存结构，减少库存积压和缺货现象，从而降低相关成本。除了以上几个方面，库存策略还会通过其他方式对成本控制产生影响，如合理布局仓库以提高物流效率、规范操作以确保货物安全、引入信息化技术以提高管理效率等。这些措施都有助于降低库存成本，提高成本控制的效果。库存策略对成本控制具有重要影响。

企业应根据自身实际情况选择合适的库存策略，并不断优化和完善库存管理体系，以提高成本控制的效果和企业的竞争力。

通过优化库存策略，企业可以降低订货成本，提高经济效益。缺货成本是由于库存不足导致的销售损失、信誉损失等。库存策略的选择直接影响缺货成本的高低。合理的库存策略可以确保企业有足够的库存满足客户需求，降低缺货成本。

（三）成本控制对库存策略的反馈作用

成本控制的目标通常包括降低成本、提高效益等。这些目标将指导企业在制定库存策略时，关注降低库存成本、提高库存周转率等方面。例如，企业可以通过实施精益库存管理策略，减少库存积压，降低库存持有成本。通过对成本控制效果的评估，企业可以了解库存策略的实施效果，发现存在的问题和不足，并及时进行调整和优化。例如，企业可以定期分析库存周转率、库存成本等指标，以评估库存策略的有效性，并根据评估结果进行调整。成本控制过程中，企业会不断收集和分析库存相关的成本数据，如库存持有成本、采购成本、缺货成本等。这些实时数据可以为库存策略的制定和调整提供有力的支持，帮助企业更好地控制库存成本。通过成本控制的数据反馈，企业可以识别库存策略中存在的问题和不足，并据此进行优化。例如，如果发现库存持有成本过高，企业可能会考虑减少库存量、提高库存周转率；如果发现缺货成本较高，企业可能会考虑增加安全库存量、提高库存补货的准确性等。

成本控制还可以帮助企业更好地管理库存风险。通过对库存成本的分析和控制，企业可以预测和评估库存风险，并采取相应的措施进行防范和应对。企业可以根据历史数据和市场需求预测，制定合理的库存水平和补货策略，以降低库存积压和缺货的风险。成本控制的数据反馈还可以为企业的高层决策提供有力支持。通过对比不同库存策略下的成本数据，企业可以评估各种策略的有效性和可行性，并选择最适合企业实际情况的库存策略。这有助于企业更好地控制库存成本，提高整体运营效率。成本控制对库存策略的反馈作用主要体现在数据支持、策略优化、风险管理和决策支持等方面。通过成本控制的数据反馈和分析，企业可以不断优化库存策略，降低库存成本，提高整体运营效率。

（四）库存策略与成本控制的协同作用

库存策略与成本控制需要协同作用，以实现企业整体成本的最小化。在制定库存策略时，企业需要综合考虑市场需求、生产能力、供应链状况等因素，制定合适的库存水平、库存结构和库存补充策略。同时，企业还需要通过有效的成本控制手段，如引入先进的库存管理系统、优化采购流程、降低库存持有成本等，来降低库存成本，提高经济效益。库存策略与成本控制之间存在密切的关联。企业在制定库存策略时，需要充分考虑成本控制的要求；在进行成本控制时，也需要关注库存策略的影响。只有两者协同作用，才能实现企业整体成本的最小化，提高企业的竞争力和盈利能力。库存策略的核心是确定合理的库存水平，以平衡库存成本和满足市场需求。成本控制则要求企业在保证产品质量和交货期的前提下，尽可能降低库存成本。通过协同作用，企业可以根据市场需求、生产能力、供应链状况等因素，制定科学的库存策略，优化库存水平，减少库存积压和浪费，从而降低库存成本。

库存策略的有效实施可以提高企业的运营效率。通过合理的库存规划和控制，企业可以避免生产中断和延误，提高生产效率和供应链的稳定性。成本控制要求企业优化资源配置，提高资源利用效率。库存策略与成本控制的协同作用可以促使企业更好地利用库存资源，提高运营效率，降低运营成本。缺货成本是企业面临的重要风险之一。库存策略的制定需要考虑市场需求和供应链状况，以确保库存能够满足市场需求。成本控制则要求企业降低缺货成本，提高客户满意度。通过协同作用，企业可以制定更加合理的库存策略，降低缺货风险，提高客户满意度，从而降低缺货成本。库存策略和成本控制的协同作用还需要加强企业内部的信息共享。通过建立完善的信息系统，企业可以实时获取库存数据、销售数据、采购数据等，为库存策略的制定和成本控制提供有力的数据支持。信息共享还可以促进供应链上下游企业之间的协作，实现库存的协同管理，降低整体库存水平。库存策略和成本控制的协同作用可以提高企业的管理效率。通过制定科学的库存策略和控制方法，企业可以更加精准地控制库存成本，提高管理效率。成本控制要求企业不断优化资源配置和管理流程，提高管理效率。

通过协同作用，企业可以优化库存水平、提高运营效率、降低缺货风险、加强信息共享和提高管理效率等方面实现成本的有效控制和管理优化。这对于提高企业的市场竞争力和实现可持续发展具有重要意义。

四、现阶段供应链库存管理所遇到的挑战

现阶段供应链库存管理所遇到的挑战是多方面的，这些挑战主要源于市场变化、技术发展、客户需求以及外部环境的不确定性。为了应对这些挑战，企业需要采取一系列措施，如加强需求预测和计划管理、优化库存控制策略、提高供应链协同能力、加强数据分析和应用、推动技术创新和可持续发展等、关注外部环境的变化，及时调整库存管理策略以适应市场需求的变化。

（一）复杂的系统结构

供应链是一个非常复杂、涉及企业与人员众多的供产销过程，涉及诸多对象，如顾客、零售商、配送商等，有着行业跨度大、覆盖面较广的特点。一般来说处于供应链上层的企业产品为处于供应链下层的企业投入，通过供应链下层企业的加工生产及服务过程，变成供应链产出。经过一系列的变化，以及环环相扣的过程，便成为人们所了解的供应链结构。供应链有着较广的影响面和较为复杂的关系，与之对应的是供应链库存则涉及很多的零售商库存、批发商库存、制造商库存以及供应商库存，在多级库存的代理与销售下，形成一条健全的销售网络。在现阶段供应链库存管理所遇到的挑战中，复杂的系统结构无疑是一个重要的因素。

供应链成员众多且关系复杂：供应链包含多个环节，每个环节都由不同的企业和人员组成，包括顾客、零售商、配送商、制造商和供应商等。这些成员之间的关系错综复杂，相互依赖，形成了一个庞大的网络。供应链不仅涉及多个行业，而且覆盖的地域范围广泛。这种跨度和广度使得供应链库存管理面临更多的不确定性和复杂性。在供应链中，上层企业的产品通常成为下层企业的投入，通过下层企业的加工生产和服务，转化为最终产品。这种一环扣一环的紧密关系要求库存管理必须精确且高效，以确保供应链的顺畅运行。供应链库存涉及多个层级的库存，包括零售商库存、批发商库存、制造商库存和供应商库存等。这些库存之间需要相互协调，以确保整个供应链的平衡和稳定。然而，多级库存系统的协调管理往往面临诸多挑战，如信息不透明、沟通不畅、利益冲突等。为了应对这些挑战，企业可以采取以下措施：建立完善的信息系统，实现供应链各环节之间的信息共享和协同工作，提高库存管理的效率和准确性。引入先进技术，如物联网技术、大数据分析技术等，帮助企业实时监控库存情况，预测未来需求，制定更合理的库存计划。与供应链上的其他企业建立长期稳定的合作伙伴关系，共同应对市场变化和挑战，

实现共赢。优化库存策略：根据企业的实际情况和市场需求，制定合适的库存策略，如精益库存管理、协同库存管理等，以降低库存成本，提高供应链的响应速度。

面对复杂的系统结构带来的挑战，企业需要加强信息化建设、引入先进技术、建立合作伙伴关系和优化库存策略等措施，以提高供应链库存管理的效率和准确性，确保供应链的顺畅运行。

（二）同步性的供应链运作模式

供应链的目的在于借助于各级贸易伙伴的亲密合作来降低生产成本，创造出更大的经济效益，为客户提供更好的服务，包括服务与产品。这就需要每个处于供应链中的企业，都必须保持同步活动。不过不同供应链企业与其所属部门为独立的关系，每一个企业以及子企业的库存目标与库存战略都是完全不同的，甚至一些企业的库存战略目标与其他企业的目标是冲突、不相干的，这就使得某些单独的部门与企业绩效目标很有可能会对供应链整体绩效造成负面影响。

同步性的供应链运作模式旨在实现整个供应链业务流程的协调运作，以确保供应链中的各级贸易伙伴能够紧密合作，降低生产成本，创造更大的经济效益，并为客户提供更好的服务。在这种模式下，每个处于供应链中的企业都需要保持同步活动，以确保供应链的顺畅运行。由于不同供应链企业及其所属部门之间具有独立性，每个企业以及子企业的库存目标和库存战略可能存在差异，甚至可能与其他企业的目标相冲突。这种差异和冲突可能会对供应链整体绩效造成负面影响。为了实现同步性的供应链运作模式，需要采取一系列措施来确保供应链中的各级企业能够协调一致地运作。通过建立信息共享平台或系统，实现供应链中各级企业之间的信息实时共享和流通。这有助于企业了解整个供应链的运作情况，及时调整自身的库存目标和战略，以适应市场需求的变化。在供应链中，需要制定统一的供应链战略，明确各级企业的角色和职责，以及整个供应链的目标和期望。这有助于企业之间的协调和合作，避免出现目标冲突和利益不一致的情况。通过加强企业之间的沟通和协作，建立紧密的合作关系，共同应对市场变化和挑战。这有助于企业及时了解市场需求和供应链运作情况，制定更有效的库存目标和战略。借助先进的供应链管理技术，如物联网、大数据、人工智能等，实现供应链的智能化和自动化管理。这有助于提高供应链的响应速度和灵活性，降低库存成本和风险。可以实现同步性的供应链运作模式，确保供应链中的各级企业能够协调一致地运作，降低生产成本，创造更大的经济效益，并为客户提供更好的服务；也可以降低供应链整体绩效受到单独部门或企业绩效目标负面影响的风险。

（三）难以实现管理信息的科学传递

在供应链系统中，每个企业的生产计划、库存状态、需求预测对库存管理都很关键。每一个数据都是基于各个供应链企业自身发展所调整的重要数据，只有掌握了所有的数据，才能够更好地响应消费者的实际需求。因此，供应链企业必须建立完整的系统模型，认真做好供应链企业信息的集成工作。不过从现状来看，多数供应链企业都没有意识到这一问题。因此供应链体系存在相容性较差的信息管理问题，无法有效集成信息结构。不确定的供应链库存出现的原因主要有两种，一种是生产需要，另一种则是由于不确定供应链因素出现的。物流运动需要信息的引导，这种内部信息交流传达的是企业发展计划。由于企业之间的信息流为企业战略机密，因此内部信息交流往往会受到很大的压力和阻碍。这就使得在不确定因素的影响下，供应链中下游出现了一定的库存堆积。企业计划通常并不能做到顾全局，这种不确定对于供应链的库存管理可谓一场重大挑战。

五、基于大数据的库存成本控制的策略

在常规的货物库存中按最常规的顺序可以将库存环节具体划分为四个阶段。第一阶段的主要任务就是对产品需求进行预测，在整个这一阶段企业都可以借助大数据技术来对潜在客户的浏览记录和阅读喜好进行搜索，最终还能够通过这样的方式来建立潜在客户信息平台。第二阶段就是收货管理的阶段，在用户购买的商品抵达仓库之后，相关人员一定要结合大数据技术来对商品的合格标识和具体类别进行一定的检验。第三阶段是储存管理阶段，这一阶段主要是借助大数据技术来对商品的具体类别进行分析，从而计算出不同类别的商品的具体数量，然后可以将同一类的商品划分到同一个区域以便后续的管理。第四阶段是出库管理阶段，在用户下单的时候，平台会自动对下单信息和仓库现存商品信息进行匹配和分析，如果出现库存不足的状况，平台就可以借助大数据来进行共享货物的调配。以美的成本控制来讲，进入21 世纪以来，美的集团就已经开始面临供应链物流速度问题和成本问题。在

遇到这些问题时，美的针对供应链的库存问题采取了信息化技术，一方面开始控制原材料的库存管理，积极追求零库存的标准；另一方面，美的面对经销商，以合理库存为建设目标。美的通过从供应链两端的施压加速了企业资金和物资的周转，实现了企业的供应链整合成本优势。

由于受到目前现代企业管理理念的影响，很多企业为了能够提升自身的核心竞争能力，不仅需要加大自身的投入，扩大自身的规模，提高生产效率，做好生产过程中的科技创新，还需要注重企业的成本控制。在目前大数据时代，如果企业还是依靠传统的财务理论来控制成本明显是不够的，必须实现成本精细化核算才能够满足企业的发展。

第5章

物流与配送策略

在当今全球化的市场环境中，企业面临着前所未有的竞争压力。随着消费者需求的日益多样化、个性化，以及技术的不断进步，传统的商业模式和运营方式正面临着巨大的挑战。在这样的背景下，物流与配送作为企业运营的核心环节，其策略的制定与执行显得尤为重要。物流与配送不仅是连接企业与消费者之间的桥梁，更是企业实现资源优化配置、降低成本、提高服务质量的关键环节。一个有效的物流与配送策略，不仅能够帮助企业更好地满足客户需求，提升客户满意度，还能够通过优化资源配置，降低运营成本，增强企业的市场竞争力。对于企业而言，制定并执行一个科学、合理的物流与配送策略至关重要。这需要企业深入了解市场需求、分析竞争对手、评估自身资源，并结合先进的技术和管理方法，不断探索和创新。企业还需要注重人才培养和团队建设，提升物流与配送团队的专业素养和服务水平，确保策略的有效执行。我们将深入探讨物流与配送策略的重要性、影响因素、制定方法以及执行过程中的关键问题。通过分析成功企业的案例和实践经验，我们旨在为企业制定更加科学、合理的物流与配送策略提供有益的参考和借鉴。

快速配送的物流模型

快速配送指的是在尽可能短的时间内，将货物或服务从供应方安全、高效地送达需求方的物流活动。它可以满足消费者对即时性和便利性的需求，提高企业的市场竞争力，增加客户满意度，加速资金周转，提高整体运营效率，支撑现代电子商务、新零售等新型商业模式的发展。物流模型将快速配送的各个环节整合为一个有机的系统，确保各环节之间的顺畅衔接。分析物流模型，企业可以更加精准地预测和满足市场需求，从而合理安排库存、运输等资源，它有助于企业发现运营中的瓶颈和问题，通过优化和改进，提高整体运营效率。通过合理设计物流模型，企业可以降低运输、仓储等成本，提高盈利能力。

本节将详细介绍快速配送的物流模型，包括其构成要素、特点、运作机制等方面，使读者了解快速配送物流模型的基本原理和运作方式，为企业在实际运营中构建和优化物流模型提供理论支持和实践指导。

一、快速配送物流模型的核心要素

（一）配送中心与仓储管理

配送中心的选址与布局是物流系统中的重要环节，它直接影响物流的效率和成本。以下是关于配送中心选址与布局的一些要点：配送中心的选址应基于整个城市的区位因素，考虑租金、交通、配送半径等实际情况。理想的地理位置应接近交通枢纽，如高速公路、铁路或港口，以便货物能够迅速、便捷地到达。选址时必须确保周边环境无污染源、无化工厂等容易造成污染的企业。配送中心也不宜设在易散发火种的工业设施附近，以保障安全。配送中心占地面积较大，且需要留有足够的发展空间。选址时应贯彻节约用地、充分利用国土资源的原则，同时兼顾区域与城市规划用地的其他要素。配送中心内部布局应合理划分不同功能区，如收货区、储存区、拣选区、发货区等。

各区域之间应有明确的界线和流畅的通道，以提高作业效率和安全性。配送中心的外部布局应考虑与周边环境的协调性，以及与其他物流设施的连接性。例如，可以与公路、铁路或水路等运输方式无缝对接，提高货物的运输效率。高效仓储管理系统是确保配送中心高效运作的关键。仓储管理系统可以通过自动化、数字化的方式对仓库的操作流程进行优化，减少人为错误和人力成本，提高仓库的工作效率。例如，系统可以自动识别货物的存放位置，指导员工依次拣选货物，在短时间内完成大量任务。仓储管理系统可以对库存进行实时监控，包括货物的进出库、货物的存储状态等。库存数据的准确记录和实时更新可以帮助企业及时跟进库存情况，降低因存货过量或过期造成的损失。高效仓储管理系统可以确保货物及时、准确地送达客户手中，提高客户满意度。这对于企业来说至关重要，因为客户满意度是企业持续发展的关键因素之一。先进的货物分拣与配送技术在配送中心中得到了广泛应用。通过机械臂、传感器、摄像头等设备，自动化分拣系统可以快速识别货物的尺寸、形状和重量，并将其分拣到相应的目的地。这种技术不仅提高了分拣的效率，还减少了人力成本和分拣错误。这种系统通过集成各种先进技术，如物联网、大数据、人工智能等，实现对仓库的智能化管理。它可以提供实时的配送跟踪和信息反馈，提高货物追踪的可视化水平，增强货物分拣和配送的可靠性和透明度。无人机具有快速、灵活和可靠的特点，可以在无须人工干预的情况下将货物准确配送到指定地点。这种技术尤其适用于偏远地区或灾区的货物送达，具有环保、节省成本和适应多样化布局的优势。

配送中心与仓储管理是物流系统中不可或缺的一部分。合理的选址与布局、高效仓储管理系统的应用以及先进的货物分拣与配送技术的引入，可以确保配送中心的高效运作，提高物流效率和服务质量。配送中心与仓储管理是物流系统中至关重要的组成部分，直接影响着物流效率、成本控制以及客户服务的质量。本书将详细总结配送中心的选址与布局、高效仓储管理系统的应用以及先进的货物分拣与配送技术这三个方面的关键作用及其影响。它们的优化和提升对于提高物流效率和服务质量具有重要意义。合理的选址与布局、高效仓储管理系统的应用以及先进的货物分拣与配送技术的引入，可以确保配送中心的高效运作，降低运营成本，提升客户满意度，为企业的持续发展提供有力支持。未来，配送中心与仓储管理将面临新的挑战和机遇，需要不断创新和优化以适应市场需求的变化。

（二）运输与配送网络

在物流系统中，运输方式的选择直接决定了物流的效率和成本。选择合适的运输方式需要综合考虑货物的特性、运输距离、时间要求以及成本等因素。不同的货物有不同的运输需求。例如，易碎或高价值的货物可能需要选择更为安全和可靠的运输方式，如航空运输或专门的冷链运输。而大宗、重量较大的货物则可能更适合采用水路或铁路运输。对于短距离的运输，公路运输通常更为灵活和高效。然而，对于长距离的运输，铁路和水路运输可能更为经济。航空运输虽然速度快，但成本较高，通常适用于高价值或急需的货物。时间要求也是选择运输方式的重要因素。如果客户对时间有严格要求，航空运输可能是最佳选择。然而，如果时间要求较为宽松，可以选择成本较低的运输方式。深入了解货物的特性和运输需求，以便选择最适合的运输方式，与多个物流服务提供商合作，比较不同运输方式的成本和效率，选择最经济的方案。利用信息技术和智能算法，对运输过程进行实时监控和管理，确保货物能够按时、安全地到达目的地。配送路线的规划对于提高配送效率和降低成本具有重要意义。企业需要了解客户的具体需求和期望，包括送货时间、地点、货物数量等。这些信息将直接影响配送路线的规划。交通状况是影响配送效率的重要因素。企业在选择配送路线时，需要考虑道路拥堵、施工等因素，避免选择交通拥堵的路线。配送成本是选择配送路线时需要考虑的重要因素。企业需要在满足客户需求的前提下，尽可能降低配送成本。利用地理信息系统（GIS）和导航软件，实时获取交通信息，规划最优的配送路线。根据客户的需求和交通状况，灵活调整配送路线，确保货物能够按时送达。与客户保持良好的沟通，及时了解客户的需求变化，以便及时调整配送计划。

在配送过程中，时效和成本是两个相互关联且需要平衡的因素。根据货物的特性和客户的需求，选择合适的运输方式和配送路线，以确保货物能够按时送达。在满足客户需求的前提下，尽可能降低配送成本。例如，通过合理安排货物的装载顺序和方式，最大限度地利用车辆的载重和空间，减少运输次数和成本。利用信息化和智能化技术，提高配送过程的透明度和可追溯性，降低货物损失和损坏的风险。与客户建立良好的合作关系，共同制订合理的配送计划和时间窗口，以提高客户满意度和降低配送成本。

运输与配送网络是物流系统中不可或缺的一部分。通过选择合适的运输方式、优化配送路线以及平衡配送时效和成本，企业可以提高物流效率和服务质量，降低运营成本，为企业的持续发展提供有力支持。运输与配送网络作为物流系统的核心组成部分，其高效运作对于企业的持续发展和市场竞争力具有至关重要的影响。选择合适的运输方式、优化配送路线以及平衡配送时效和成本，企业可以显著提高物流效率和服务质量，降低运营成本，为企业的持续发展和市场竞争力提供有力支持。企业应高度重视运输与配送网络的建设和管理，不断优化和完善物流系统，以适应不断变化的市场需求。

（三）信息系统与技术支持

在现代物流管理中，信息系统与技术支持起着至关重要的作用。它们不仅提高了物流操作的效率，还确保了数据的准确性和及时性，为企业的决策提供有力支持。以下是对先进物流信息系统、实时数据跟踪与信息共享以及自动化与智能化技术应用的详细介绍。先进的物流信息系统是现代物流管理的基础。这些系统利用计算机技术和网络技术，将物流的各个环节紧密连接起来，实现信息的快速传递和共享。物流信息系统通常包括订单管理系统、仓储管理系统、运输管理系统、配送管理系统等模块，它们共同协作，确保物流过程的顺畅进行。实时数据跟踪是物流信息系统的重要功能之一。通过物联网、RFID、GPS 等技术，企业可以实时监控货物的位置、状态、温度等信息，确保货物在运输过程中的安全和可控。实时数据跟踪还可以帮助企业预测货物的到达时间，为客户的收货计划提供有力支持。信息共享是物流信息系统的另一个重要特点。通过建立统一的信息平台，企业可以实现与供应商、客户、合作伙伴之间的信息共享，提高信息的透明度和准确性。这不仅有助于企业更好地了解市场需求和供应链状况，还可以促进各方的协同合作，共同应对市场变化。信息共享：物流信息系统的核心驱动力在日益复杂多变的物流环境中，信息共享已然成为物流信息系统的核心驱动力。通过建立统一的信息平台，企业能够无缝连接供应商、客户及合作伙伴，实现信息的实时、准确传递。这种跨组织的透明化信息共享不仅让企业能够更深入地洞察市场需求和供应链动态，更为各方提供了协同合作、共谋发展的基础。信息共享的重要性不言而喻。它打破了传统的信息壁垒，使供应链中的每一环节都能基于最新的数据作出决策。这种数据驱动的决策方式不仅提高了物流运作的效率，更确保了供应链的稳定性与灵活性，使企业在快速变化的市场环境中保持竞争优势。

随着物联网、大数据、人工智能等技术的不断发展，物流信息系统的信息共享能力将得到进一步提升。我们有理由相信，未来的物流系统将更加智能、高效，能够更好地支持企业应对市场挑战，实现可持续发展。在这个信息高度共享的时代，企业需要把握机遇，充分利用物流信息系统的优势，与供应链各方建立更加紧密的合作关系，共同开创物流领域的新篇章。信息系统与技术支持是现代物流管理不可或缺的一部分。先进的物流信息系统、实时数据跟踪与信息共享以及自动化与智能化技术的应用，可使企业实现物流过程的智能化和自动化管理，提高物流效率和服务质量，降低运营成本，为企业的持续发展提供有力支持。

二、快速配送物流模型的实施步骤

（一）需求分析与目标设定

快速配送物流模型的实施步骤中，首要的是需求分析与目标设定，这两个步骤对于确保物流模型的有效性和高效性至关重要。市场调研、问卷调查、客户访谈等方式，深入了解客户的配送需求，包括配送时间、地点、货物类型、数量等。分析客户的行业特点和市场趋势，以便更好地理解客户的配送需求和发展方向。整合和分析历史数据，了解客户的配送习惯和需求变化，为后续的预测提供数据支持。基于客户需求分析的结果，运用统计学和预测模型等方法，对客户的未来配送需求进行预测。预测内容可以包括配送量、配送频率、配送时间等关键指标，以便为物流模型的优化提供指导。在预测过程中，需要考虑到市场变化、客户需求变化、竞争对手策略等多种因素，以提高预测的准确性。客户需求预测的结果，设定合理的配送时效目标。这可以包括平均配送时间、最长配送时间等关键指标。在设定配送时效目标时，需要考虑到运输距离、交通状况、货物特性等多种因素，确保目标的合理性和可行性。也要关注配送时效的提升对于客户满意度和市场竞争力的影响，确保目标与企业战略保持一致。除了配送时效外，还需要设定服务质量目标，以全面提升客户的满意度。服务质量目标可以包括货物完好率、配送准确率、服务态度等关键指标。在设定服务质量目标时，需要考虑到客户需求和行业标准，确保目标的合理性和先进性。也要建立服务质量监控和评估机制，确保目标的有效实施和持续改进。在后续的实施过程中，还需要根据具体情况进行不断地优化和调整，以确保物流模型的高效性和灵活性。在构建和实施快速配送物流模型的过程中，需求分析与目标设定是不可或缺的起点。通过这两个关键的步骤，我们能够深入理解客户的配送需求，预测未来的市场趋势，并据此设定合理的配送时效和服务质量目标。需求分析使我们能够准确掌握客户的配送要求，包括时间、地点、货物特性等。这为我们后续制定配送策略提供了基础数据。预测客户的需求变化，我们能够提前做好准备，应对可能的市场波动，保持物流系统的稳定性和灵活性。基于需求分析和预测的结果，我们设定了明确的配送时效和服务质量目标。这些目标不仅为物流系统的运行提供了指导，也为客户提供了清晰的期望。

通过设定合理的目标，我们能够确保物流系统的高效运作，满足客户的期望，提升客户满意度。在实施快速配送物流模型的过程中，我们认识到持续调整和优化的重要性。市场环境和客户需求的变化要求我们不断对物流系统进行改进。我们需要密切关注市场趋势和客户需求的变化，及时调整配送策略，优化配送路线，提高配送效率。我们也需要通过监控和评估机制，对服务质量进行持续改进，确保始终满足客户的期望。需求分析与目标设定，我们为快速配送物流模型的实施提供了明确的方向和指导。在未来的发展中，我们将继续秉承这一理念，不断优化物流系统，提高配送效率和服务质量。我们也将积极探索新的技术和方法，如人工智能、物联网等，以进一步提高物流系统的智能化和自动化水平。我们相信，在不断地优化和调整中，我们的快速配送物流模型能够为客户提供更加高效、便捷、可靠的配送服务。

（二）物流模型的设计与规划

在快速配送物流模型的设计与规划阶段，关键在于网络布局与资源配置的优化、运输与配送策略的制定，以及信息系统的选择与集成。这些步骤共同确保物流模型的高效性、灵活性和适应性。根据客户需求预测和市场趋势，规划合理的物流网络布局。这包括确定仓库、配送中心、转运站等设施的位置和数量，以及它们之间的连接方式和路径。网络布局的优化应考虑到成本、效率、服务质量等多个因素。根据网络布局规划，合理配置物流资源，包括车辆、人员、设备等。科学的资源配置可以确保物流系统的顺畅运行，并降低运营成本。根据货物的特性、运输距离、客户需求等因素，选择适合的运输方式，如公路运输、铁路运输、航空运输等。也要考虑到运输成本、时间、安全性等方面的因素。根据客户需求和订单情况，制订合理的配送计划。这包括确定配送时间、路线、车辆选择等。优化配送策略，可以提高配送效率，降低配送成本，并提升客户满意度。根据物流模型的需求和特点，选择合适的信息系统。这些系统应具备实时数据跟踪、信息共享、自动化处理等功能，以提高物流管理的效率和准确性。将选定的信息系统进行集成，确保它们之间的无缝连接和数据共享。系统集成可以实现物流信息的实时更新和共享，为物流决策提供支持。

在物流模型的设计与规划阶段，需要综合考虑多个因素，并进行多次的调整和优化。只有通过科学地设计和规划，才能确保物流模型的高效性和灵活性，满足客户的需求并提升企业的竞争力。

（三）实施与执行

在快速配送物流模型的实施与执行阶段，重点在于物流模型的试运行与调整、人员培训与组织架构的优化，以及持续改进与绩效评估。在物流模型正式投入运营之前，进行试运行，以检验模型的可行性和效果。试运行期间，需要密切监控各项指标，如配送时效、货物破损率、客户满意度等，确保物流模型符合预期要求。根据试运行的结果，对物流模型进行必要的调整和优化。这可能涉及网络布局、运输与配送策略、信息系统等方面的调整。不断地优化，使物流模型更加符合实际需求，提高运营效率和客户满意度。为确保物流模型的顺利实施，需要对相关人员进行培训。培训内容应包括新的工作流程、信息系统操作、客户服务等方面。培训提高员工的专业素质和工作能力，为物流模型的顺利实施奠定基础。根据物流模型的特点和要求，对组织架构进行优化。明确各部门和岗位的职责和权限，确保各部门之间的协同合作和信息共享。减少管理层级，提高决策传导速度和管理效率。物流模型的实施是一个持续改进的过程。需要不断收集和分析数据，发现存在的问题和不足，并制定相应的改进措施。这可能涉及技术升级、流程优化、人员调整等方面。持续改进，使物流模型更加完善，提高运营效率和客户满意度。定期对物流模型的绩效进行评估，以衡量其运营效果和贡献。评估指标应包括配送时效、成本控制、客户满意度等方面。通过绩效评估，可以了解物流模型的优点和不足，为后续的改进和优化提供依据。也可以对员工的工作表现进行评估，为员工的激励和发展提供参考。

在快速配送物流模型的实施与执行阶段，我们经历了从试运行到全面运营的整个过程，并对各个环节进行了细致的优化和调整。物流模型的试运行是确保模型成功落地的关键步骤。我们监控了配送时效、货物破损率、客户满意度等核心指标，以检验模型的可行性和效果。通过试运行，我们发现了潜在的问题，如配送路线不合理、信息系统接口不畅等，并及时进行了调整和优化。这些调整不仅提高了物流模型的效率，也确保了其能够更好地满足客户需求。物流模型的实施与执行阶段是一个充满挑战但收获颇丰的过程。通过试运行与调整、人员培训与组织架构优化以及持续改进与绩效评估等步骤的实施，我们确保了物流模型的顺利落地和高效运行。未来，我们将继续秉承持续改进的理念，不断优化物流模型，以满足市场和客户的需求。

三、快速配送物流模型的挑战与对策

（一）需求波动与不确定性

在快速配送物流模型中，需求波动与不确定性是常见的挑战。这些波动可能由多种因素引起，如季节性需求变化、市场趋势变动、临时性促销活动或突发事件等。这种不确定性不仅给物流规划带来困难，还可能导致资源浪费或无法满足客户需求。传统的配送策略可能难以适应快速变化的市场需求。当需求增加时，若配送能力不足，可能导致订单延迟或取消；当需求减少时，若配送能力过剩，则可能导致资源浪费。突发事件（如恶劣天气、交通事故等）可能导致物流中断，而缺乏有效的应急响应机制可能使情况进一步恶化。利用先进的信息系统实时监控市场需求变化，并通过数据分析预测未来趋势。根据需求变化动态调整配送计划，如增加或减少配送频次、调整配送路线等。通过雇用临时工、外包服务或利用共享资源等方式，实现配送资源的弹性配置，以适应需求波动。针对可能出现的突发事件，制订详细的应急预案，明确各部门的职责和应对措施。与供应商、运输商等相关方建立紧密的沟通与协作机制，确保在突发事件发生时能够迅速响应并共同应对。为关键物流环节制订备选方案，如备用仓库、备用运输路线等，以应对可能的物流中断。定期对员工进行应急培训和演练，增强员工的应急意识和应对能力。

通过以上对策的制定和实施，我们可以更好地应对需求波动与不确定性带来的挑战，提高快速配送物流模型的稳定性和可靠性。

（二）成本与效益的平衡

在快速配送物流模型的运营过程中，实现成本与效益的平衡是物流企业持续面临的挑战。高效的物流运作需要在降低成本的同时，确保甚至提高服务质量，以满足客户需求并提升客户满意度。在追求成本优化的过程中，可能会影响服务质量，如减少配送频次、降低包装标准等，这些措施虽然能够降低成本，但可能导致客户满意度下降。在激烈的市场竞争中，为了保持竞争力，物流企业可能需要提供更快、更可靠的配送服务，但这往往需要投入更多的成本。物流企业可以通过合理的路线规划、使用更高效的运输工具、降低空驶率等方式，降低运输成本。同时，可以考虑采用多式联运，结合不同运输方式的优势，实现成本效益的最大化。科学的库存管理、提高仓储设备的利用率、减少库存积压等方式，降低仓储成本。此外，可以利用现代信息技术，如物联网、大数据分析等，实现库存的实时监控和预测，进一步提高仓储效率。通过优化配送路线、提高配送效率、采用先进的配送技术等方式，提升配送速度，确保货物能够准时送达。加强运输过程的监控和管理、提高运输设备的可靠性和安全性等方式，确保货物在运输过程中不受损坏或丢失。提供多样化的服务选项、增强客户沟通、及时处理客户投诉等方式，提高客户服务水平，提高客户对物流服务的满意度。在实施这些对策时，物流企业需要综合考虑市场需求、客户需求、企业资源等多方面因素，制定出合理的成本效益策略。同时，需要不断跟踪市场变化，及时调整策略，以保持物流模型的竞争力和适应能力。

（三）技术更新与升级

在快速配送物流模型的运营中，技术更新与升级是推动物流效率提高、服务质量优化和成本降低的关键因素。随着科技的不断发展，物流行业也在经历着深刻的变革。物流技术日新月异，从自动化、智能化到数字化、绿色化，各种新技术不断涌现。如何及时跟踪这些技术动态，把握技术趋势，是物流企业面临的挑战之一。新技术的引入往往需要大量的资金投入，包括设备购置、系统升级、员工培训等方面。对于规模较小的物流企业来说，这可能会带来较大的经济压力。物流企业可以通过参加行业会议、订阅行业报告、与高校和科研机构建立合作关系等方式，及时收集物流行业的最新技术动态和趋势。对收集到的技术信息进行评估，结合企业的实际情况和发展战略，筛选出适合引入的技术。根据技术评估结果，制订详细的技术引入计划，包括技术引入的时间表、预算、人员配置等。规模较小的物流企业可以先从基础自动化开始，如引入自动分拣设备、自动化搬运机器人等，提高物流操作的自动化水平。在自动化基础上，逐步增加智能化投入，如引入物联网技术实现物流信息的实时追踪、应用大数据技术进行物流预测和优化等。在引入新技术时，要关注技术的兼容性和可扩展性，确保新技术能够与现有系统无缝对接，并能够随着企业的发展而不断扩展。

通过技术更新与升级，物流企业可以提高物流效率、降低成本、提高服务质量，并在激烈的市场竞争中保持领先地位。这也需要物流企业具备敏锐的市场洞察力和持续的创新精神，不断跟踪和引入新技术，推动企业的持续发展。

多渠道配送系统的优化

多渠道配送系统是指企业通过多个销售渠道（如线上电商平台、线下实体店、社交媒体等）向客户提供商品或服务，并通过整合和优化物流配送资源，确保货物能够按时、准确地送达客户手中。多渠道配送系统的优化在当今的商业环境中变得尤为重要。随着电子商务的蓬勃发展和消费者需求的多样化，企业需要通过多种渠道来满足不同客户的购物需求，并确保货物能够高效、准确地送达。这种系统的重要性在于它能够满足客户多样化的购物需求，提高客户满意度，企业需要密切关注市场趋势和消费者需求的变化，不断优化自己的多渠道配送系统，以满足客户的期望和需求。优化多渠道配送系统还可以帮助企业更好地应对市场变化和消费者需求的变化，提高企业的适应能力和抗风险能力。多渠道配送系统的优化对于现代企业的发展具有重要意义。在接下来的内容中，我们将深入探讨如何构建和优化一个高效、灵活且可靠的多渠道配送系统。

一、多渠道配送系统的现状分析

（一）当前多渠道配送面临的挑战

在当今复杂多变的商业环境中，多渠道配送系统正面临着多方面的挑战。随着电子商务的迅猛发展和消费者需求的日益多样化，企业需要通过多个渠道满足客户的个性化需求。这导致订单碎片化现象严重，即订单量小、频次高、分布广，给物流配送带来了极大的挑战。碎片化订单不仅增加了配送成本，还降低了配送效率，使得企业难以满足消费者对快速、准确送达的期望。在多渠道配送系统中，配送时效和成本是企业必须权衡的两个关键因素。消费者期望在尽可能短的时间内收到商品，而企业则需要在满足消费者需求的同时，控制配送成本，以保持盈利能力。这两者之间往往存在矛盾。快速配送通常意味着更高的成本，而低成本配送又可能导致配送时效延长。企业需要在配送时效和成本之间找到平衡点，以满足消费者需求并保持竞争力。在多渠道配送系统中，信息不对称和沟通障碍是普遍存在的问题。由于企业、消费者、配送员等各方之间的信息不透明，容易导致订单处理延迟、配送错误等问题。此外，不同渠道之间的信息孤岛现象也影响了配送效率和服务质量。为了解决这个问题，企业需要建立起统一的信息平台，实现信息的实时共享和高效沟通。通过信息化手段提高订单处理速度和配送准确性，从而提升客户满意度和忠诚度。

针对以上挑战，企业需要采取相应的措施来优化多渠道配送系统。通过引入先进的物流配送技术、优化配送路径和配送方式、加强信息化建设等手段来提高配送效率和服务质量。企业还需要关注消费者需求的变化和市场趋势的发展，不断调整和优化配送策略以满足客户需求并保持竞争力。

（二）现有多渠道配送模式的评估

生产企业或供应商承担大部分送货任务，减少了零售商在物流系统方面的投资。这有助于企业集中精力做自己的主营业务，方便零售商的退换货处理。不是所有生产厂家或供应商都有足够的物流配送能力来满足超市商品的配送需求。大部分的供应商或生产厂家的物流配送功能并不健全，这可能导致配送服务不到位，影响超市商品的供应保证能力。快速满足消费者的需要使得连锁超市的大多数商品配送具有小批量、多批次的特点，直接配送可能难以高效应对这种需求。相对于分散配送系统，由于规模大，管理的固定费用下降，所以管理费用低。在相同服务水平下，集中比分散需要的安全库存小，所以总平均库存降低。供应商集中供货，因此从生产厂到配送中心的运输成本相对会低一些。由于集中型系统中，配送中心离用户远了一些，所以使用户的提前期变长。配送中心到用户的运输成本相对较高。

第三方物流公司通常具有专业的物流设施和管理经验，能够提供高效、准确的物流服务。企业可以将精力集中在自己的主营业务上，同时降低物流成本。企业可能担心商业机密泄漏给第三方物流公司。企业可能失去对物流活动的直接控制，企业可以保护自己的商业机密，避免信息泄漏给外部公司。企业可以直接控制物流活动的各个环节，确保服务质量，企业需要投入大量资金建设物流设施和管理团队。过多的物流活动可能分散企业的注意力，影响主营业务的发展。客户满意度是衡量企业物流服务质量的重要指标，而配送成本则是影响企业盈利能力的关键因素。高昂的配送成本可能导致企业提高商品价格或降低服务质量，从而降低客户满意度。客户满意度高可以带来更高的客户忠诚度和重复购买率，从而增加企业的销售收入和降低单位商品的配送成本。企业需要在确保客户满意度的基础上控制配送成本，实现两者的平衡发展。通过优化配送模式、提高物流效率、降低物流成本等措施来提高客户满意度和降低配送成本是企业实现可持续发展的重要途径。

二、多渠道配送系统优化的策略与方法

多渠道配送（Multi-Channel Fulfillment，MCF）是一种物流服务模式，它允许商家根据客户需求，将商品配送到除原始销售渠道（如特定的电商平台）之外的其他销售渠道或地点。这种配送模式属于 FBA（Fulfillment by Amazon，亚马逊物流）的一个项目，特别适用于在多个电子商务平台（如 eBay、自家网站等）销售商品的商家。商家可以集中管理库存，并通过一个平台处理来自多个销售渠道的订单，从而减少运营复杂性和成本。对企业在多个销售渠道中的物流配送过程进行改进和提升，以实现更高效、更灵活、更经济的配送服务。

（一）配送网络的整合与优化

多渠道配送系统优化的策略与方法主要涉及配送网络的整合与优化，通过深入的市场研究和分析，确定配送中心的最优位置。考虑因素包括接近消费者群体、交通便利性、基础设施完善程度、劳动力成本等。在选址确定后，进行配送中心内部布局的优化。确保货物存储、分拣、包装、运输等各个环节高效运作，减少不必要的搬运和等待时间。收集货物的重量、体积、目的地等详细信息，以及交通状况、天气等实时数据。通过数据分析，了解货物的分布情况和运输需求。利用先进的路线规划软件，结合实时数据，规划出最优的运输路线。确保运输路径最短、成本最低、时间最短。根据交通状况、天气变化等实时因

素，及时调整运输路线，确保运输过程的安全性和效率。与供应商、零售商等合作伙伴建立紧密的合作关系，实现库存信息的实时共享和协同管理。通过协同管理，降低库存风险，提高库存周转率。利用历史销售数据、市场趋势等信息，通过数据分析工具，精准预测未来一段时间内的需求。根据预测结果，合理安排库存结构和存储设备，降低库存持有成本。实施库存控制策略，如设置最低库存量、最高库存量等，确保库存水平始终保持在合理范围内。通过定期盘点、调整库存结构等措施，降低库存损耗和浪费。

通过以上策略与方法的实施，企业可以有效地优化多渠道配送系统，提高配送效率、降低成本、提升客户满意度。同时，随着物流技术的不断发展和创新，企业还可以探索更加高效、智能的配送模式，以适应市场变化和消费者需求的变化。

（二）信息技术的应用与创新

在多渠道配送系统的优化中，信息技术的应用与创新起到了至关重要的作用。配送管理系统是一个集成化的管理平台，可以对配送过程中的各个环节进行实时监控、调度和管理。其引入与实施能够显著提高配送的效率和准确性。该系统通常包括订单管理、库存管理、运输管理、人员管理等功能模块，可以实现对配送过程的全面掌控和优化。数据分析与预测在配送优化中发挥着至关重要的作用。数据分析与预测通过对历史数据和市场趋势的深入分析，可以准确预测未来的配送需求，从而提前进行资源调配和路线规划。数据分析还可以帮助企业发现配送过程中的“瓶颈”和问题，及时进行调整和优化。数据分析通过分析历史销售数据、市场趋势等信息，预测未来一段时间内的配送需求，从而为企业制订合理的配送计划提供依据。利用交通流量、道路状况等数据，结合货物的优先级和时效性要求，为配送车辆规划出最优的行驶路线，减少运输时间和成本。通过对库存数据的实时监控和分析，及时发现库存不足或过剩的情况，避免缺货或积压现象的发生，保持库存的合理水平。物联网技术通过实现物品与物品、物品与互联网之间的信息交换和通信，为配送过程提供了更多的智能化、自动化的可能性。通过在配送车辆、货物等物品上安装传感器和 RFID 标签等设备，企业可以实时获取其位置、状态等信息，实现对配送过程的实时监控和调度。企业利用物联网技术，可以根据实时的交通状况、车辆位置等信息，自动调整配送计划和路线，实现智能调度和优化。物联网技术的应用可以减少人工操作和干预，提高配送的自动化和智能化水平，从而提高配送效率和质量。

信息技术的应用与创新为多渠道配送系统的优化提供了强有力的支持。通过引入配送管理系统、应用数据分析与预测技术以及利用物联网技术等手段，企业可以实现对配送过程的全面掌控和优化，提高配送效率和质量，降低运营成本，提升客户满意度。

（三）合作与协同机制的建立

在多渠道配送系统中，合作与协同机制的建立对于提高整体效率、降低成本、优化资源配置等方面具有重要意义。通过实现供应链伙伴之间的信息共享，可以消除信息孤岛，提高供应链的透明度和响应速度。这有助于企业更准确地预测市场需求、调整生产计划、优化库存管理，从而降低成本、提高效率。在信息共享的基础上，供应链伙伴之间可以建立紧密的协同关系，共同制订运作方案，实现供需双赢的目标。通过协同规划、协同采购、协同运输等方式，可以实现资源的优化配置，提高整个供应链的竞争力。在多渠道配送系统中，选择合适的第三方服务提供商至关重要。企业需要根据自身的业务需求和目标，评估不同服务商的能力、价格、服务质量等方面，选择最适合自己的合作伙伴。在选择好合作伙伴后，企业需要建立有效的管理机制，确保第三方服务提供商能够按照合同要求提供优质的服务。这包括定期评估服务商的绩效、及时解决合作过程中出现的问题、建立长期稳定的合作关系等。共同配送是指多个企业共享配送资源，通过整合运输、仓储等资源，实现资源的优化配置和降低成本。这种配送模式可以降低车辆的空驶率、提高装载率、降低运输成本等，同时有助于缓解城市交通拥堵问题。在共同配送的基础上，企业可以进一步探索共享资源的可能性。例如，可以共享仓库、装卸设备、运输车辆等资源，实现资源的最大化利用。这不仅可以降低成本，还可以提高整个供应链的效率和灵活性。

合作与协同机制的建立对于多渠道配送系统的优化具有重要意义。通过实现供应链伙伴之间的信息共享与协同、选择合适的第三方服务提供商并建立有效的管理机制、探索共同配送与共享资源的可能性等方式，可以提高整个供应链的效率和竞争力，实现可持续发展。

三、多渠道配送系统优化的未来趋势

（一）智能化与自动化技术在多渠道配送中的应用

随着科技的不断进步和物流行业的快速发展，智能化与自动化技术将在多渠道配送系统中发挥越来越重要的作用。通过运用先进的人工智能和机器学习算法，智能调度系统可以实时分析订单数据、交通状况、配送员位置等信息，自动为配送员规划最优的配送路线和配送顺序，从而提高配送效率，减少配送时间。基于大数据分析，智能预测系统可以预测未来的订单量、订单分布和配送需求，从而帮助企业提前进行资源调配和计划制订。这有助于企业更好地应对订单高峰期，确保订单的及时配送。智能仓储管理系统可以实时监控仓库的库存情况、货物位置等信息，自动进行库存盘点和货物调拨。引入机器人、无人机等自动化设备，可以实现货物的自动化分拣、搬运和装载，提高仓储和配送效率。随着自动驾驶技术的不断发展，自动化配送车辆将成为未来配送的重要力量。这些车辆可以自主规划路线、自动行驶到指定地点进行配送，无须人工干预。这不仅可以提高配送效率，还可以降低人力成本和安全风险。自动化分拣系统可以根据订单信息自动将货物分类、打包和贴标签，减少了人工操作的需求。同时，通过引入高速传送带和智能识别技术，可以实现货物的快速分拣和传输，提高分拣效率。无人机配送是近年来兴起的一种新型配送方式。无人机可以快速、准确地将货物送达指定地点，尤其适用于一些偏远地区或交通不便的区域。随着无人机技术的不断完善和监管政策的逐步放开，无人机配送有望在未来得到更广泛的应用。

智能化与自动化技术的应用将深刻改变多渠道配送系统的运作方式，提高配送效率和服务质量，降低运营成本和风险。随着技术的不断进步和应用场景的不断拓展，我们有理由相信这些技术将在未来发挥更加重要的作用。

（二）绿色物流与可持续发展的融合

绿色物流与可持续发展的融合是现代物流行业的重要趋势，旨在通过优化物流过程、降低环境影响，实现经济、社会和环境的协调发展。绿色物流强调在物流活动的各个环节中融入环保理念，包括减少能源消耗、降低排放、优化资源配置等。这种理念的融入要求企业从战略层面出发，将绿色物流作为企业发展的核心要素之一，确保物流活动符合可持续发展的要求。为了实现绿色物流，需要积极采用节能减排技术。在运输环节，可以采用更高效的运输工具、优化运输路线、提高车辆装载率等措施，减少燃油消耗和尾气排放。在仓储环节，可以推广节能型仓储设施、智能仓储管理系统等，降低能源消耗。绿色包装是绿色物流的重要组成部分，要求使用可回收、可降解的包装材料，减少包装废弃物。同时，废弃物管理也是绿色物流的重要环节，需要建立废弃物回收和处理体系，实现资源的有效利用和再循环。信息技术在绿色物流中发挥着重要作用。通过引入物联网、大数据、人工智能等先进技术，可以实现物流信息的实时共享和智能分析，优化物流过程，降低环境影响。通过智能调度系统可以实时掌握车辆位置和货物状态，优化配送路线，提高配送效率。绿色物流需要与供应链上下游企业实现协同管理，共同推动绿色供应链的构建。这包括与供应商、制造商、分销商等合作伙伴建立紧密的合作关系，共同制定绿色供应链标准和规范，推动绿色采购、绿色制造、绿色销售等活动的实施。政府和企业需要共同努力，推动绿色物流与可持续发展的融合。政府可以出台相关政策，鼓励和支持企业采用绿色物流技术和模式，提供税收优惠、资金扶持等措施。同时，行业组织可以制定相关标准和规范，引导企业积极参与绿色物流实践，推动行业的可持续发展。

绿色物流与可持续发展的融合是现代物流行业的重要趋势，需要政府、企业和行业组织共同努力，推动绿色物流技术的创新和应用，实现经济、社会和环境的协调发展。

（三）消费者需求变化对多渠道配送的影响与应对

消费者需求变化对多渠道配送的影响是显著的，为了应对这些变化，配送系统需要进行相应的调整和优化。随着消费者对配送时效的要求越来越高，配送系统需要更加快速、高效地响应和处理订单。这意味着配送系统需要具备更高的灵活性和可扩展性，以应对订单量的波动和配送时效的严格要求。消费者对配送方式的需求也日益多样化，包括送货上门、自提、定时配送等。为了满足不同消费者的需求，配送系统需要提供多种配送方式供消费者选择，并确保各种配送方式的顺畅运行。消费者对配送服务的需求也越来越个性化，例如，希望配送员能够按照指定的时间、地点和方式进行配送，或者提供包装、安装等增值服务。为了满足这些个性化需求，配送系统需要具备更高的灵活性和定制化能力。根据消费者需求的变化，对配送网络进行优化，包括调整配送中心的位置、增加配送车辆和人员等。通过优化配送网络，可以提高配送效率和扩大覆盖范围，更好地满足消费者的需求。企业可以利用物联网、大数据、人工智能等先进技术，提高配送系统的智能化水平。例如，通过智能调度系统实时分析订单数据、交通状况等信息，为配送员规划最优的配送路线和配送顺序；智能仓储管理系统实现货物的自动化分拣、搬运和装载等。这些技术的应用可以提高配送效率和服务质量，满足消费者对配送时效和方式的要求。企业应根据消费者的需求，扩展多种配送方式供消费者选择。例如，提供送货上门、自提、定时配送等多种配送方式，以满足不同消费者的需求。加强与第三方物流合作伙伴的合作，共同构建多元化的配送体系。为了满足消费者的个性化需求，提供包装、安装等增值服务。建立完善的客户服务体系，快速响应消费者的需求和问题，提高客户满意度和忠诚度。通过社交媒体、在线客服等渠道加强与消费者的沟通，了解消费者的需求和反馈。根据消费者的反馈，及时调整和优化配送策略和服务模式，提高消费者满意度和忠诚度。

消费者需求变化对多渠道配送的影响是显著的，为了应对这些变化，配送系统需要进行相应的调整和优化。通过优化配送网络、引入先进技术、拓展配送方式、提供个性化服务和加强与消费者的沟通等策略，可以更好地满足消费者的需求，提高配送效率和服务质量。

第 6 章

供应链透明度与追踪技术

随着全球供应链的日益复杂，确保供应链的透明度和实现各环节的有效追踪成为企业不可或缺的管理能力。透明度和追踪技术不仅有助于企业实时监控产品流、信息流和资金流，还能及时发现潜在问题，优化决策过程。本章将聚焦于供应链透明度的提高与追踪技术的应用，探讨如何通过现代技术工具增强供应链的可见性，从而确保供应链的高效运作与风险管理。

供应链透明度的重要性

供应链透明度是指企业在供应链管理中公开相关信息和数据，以增加对供应链的了解和控制，包括信息公开、数据共享和监督检查等多个方面。供应链在全球经济中扮演着至关重要的角色，它是全球贸易的重要基础，通过连接不同国家、地区和企业，实现商品和服务的流通。供应链透明度可以帮助企业更好地了解供应链的运作情况，从而优化生产计划和流程，避免生产“瓶颈”和延误，提高生产效率。供应链透明度可以帮助企业了解各个环节的成本和效率情况，从而找到优化供应链的方法，降低成本，提高盈利能力。供应链透明度可以帮助企业建立良好的品牌形象，在一些行业中，政府对供应链透明度提出了要求，企业需要公开或共享供应链信息，以满足法规要求。供应链透明度对现代企业运营有着重要的意义，它可以帮助企业更好地了解和控制供应链，提高生产效率、产品质量和品牌价值，降低成本，满足法规要求，从而在激烈的市场竞争中脱颖而出。

一、供应链透明度对企业运营的影响

（一）提高决策效率与准确性

供应链透明度对企业运营的影响显著，特别是在提高决策效率和准确性方面。在供应链管理中，实时数据的可用性对于决策支持至关重要。供应链透明度使得企业能够实时获取供应链中各个环节的数据，包括原材料采购、生产制造、物流配送等。这些数据能够为企业提供决策所需的全面、准确和及时的信息，帮助企业更好地了解供应链的实际情况，从而作出更准确的决策。实时数据的可用性不仅提高了决策效率，还提高了决策的准确性。通过实时数据，企业可以及时发现供应链中的问题，如供应商延迟交货、物流“瓶颈”等，并采取相应的措施进行解决。这有助于减少因问题扩大而导致的风险，确保供应链的正常运转。供应链透明度有助于企业更准确地预测市场需求。

通过了解供应链中各个环节的数据，企业可以更好地掌握市场趋势和消费者需求的变化，从而更准确地预测未来市场需求。这有助于企业及时调整生产计划和采购计划，避免库存积压或缺货的情况发生，提高库存周转率。供应链透明度有助于企业实现库存的精细化管理。通过实时了解库存情况，企业可以及时发现库存积压或短缺的问题，并采取相应的措施进行调整。供应链透明度还可以帮助企业更好地了解库存的流转情况，优化库存结构，降低库存成本。通过了解供应链中各个环节的数据，企业可以更好地掌握原材料供应、生产能力和市场需求等情况，从而制订更加合理的生产计划。这有助于企业实现生产过程的协调和优化，提高生产效率，降低生产成本。

供应链透明度对企业运营的影响是显著的。它不仅可以提高决策效率和准确性，还可以帮助企业更好地掌握供应链的实际情况，优化生产计划和库存管理，降低风险，提高竞争力。企业应该重视供应链透明度的建设和管理，提高供应链的透明度和可视化程度，以支持企业的运营和发展。

（二）优化资源配置与成本控制

优化资源配置与成本控制是企业实现长期盈利和可持续发展的关键。通过提高供应链的透明度，企业能够更有效地识别资源浪费和“瓶颈”，从而进行精准的资源配置，降低运营成本。供应链透明度能够帮助企业识别资源浪费和“瓶颈”。在供应链的各个环节中，往往存在着各种形式的资源浪费，如库存积压、物流效率低下、生产过剩等。通过实时数据的收集和分析，企业可以清晰地了解供应链中的各个环节，发现潜在的资源浪费问题。透明度还有助于企业识别供应链中的“瓶颈”环节，如供应商交货延迟、生产线故障等，这些“瓶颈”环节会严重影响整个供应链的效率。一旦识别出资源浪费和“瓶颈”环节，企业就可以通过精准的资源配置来降低运营成本。通过实时了解库存情况，企业可以更加精准地预测市场需求，避免库存积压或缺货的情况发生。企业还可以采用先进的库存管理技术，如精益库存管理、供应商管理库存等，进一步降低库存成本。企业可以优化物流配送路线，减少物流运输时间和成本。企业还可以引入先进的物流技术，如物联网技术、自动化仓储等，提高物流效率和准确性。根据市场需求和供应链中的“瓶颈”环节，企业可以灵活调整生产计划，避免生产过剩或生产不足的情况发生。通过优化生产计划，企业可以降低生产成本，提高生产效率。企业可以与供应商建立紧密的合作关系，共同优化供应链和配送流程。通过共享数据和信息，企业可以更好地了解供应商的生产能力和交货时间，从而更好地管理供应链中的风险。

通过提高供应链的透明度，企业可以更有效地识别资源浪费和“瓶颈”环节，进行精准的资源配置，降低运营成本。这不仅可以提高企业的盈利能力和市场竞争力，还可以促进企业的可持续发展。

（三）风险管理与应对

在供应链管理中，风险管理与应对是一个至关重要的环节。通过提高供应链的透明度，企业可以更早地识别潜在的风险，从而制定相应的策略来减少这些风险对企业运营的影响。透明度允许企业更全面地了解供应链的各个环节，从而发现潜在的风险源。这包括供应商的稳定性、运输的可靠性、市场需求的波动等。通过实时数据的收集和分析，企业可以预测供应链中可能出现的风险。例如，通过对历史数据的分析，企业预测某个供应商在未来可能出现交货延迟的风险。透明度使得企业可以对潜在的风险进行更准确的评估。企业可以根据风险的可能性、影响程度和可控性等因素，对风险进行优先级排序，以便更有效地制定风险应对策略。企业可以制定应急预案，以应对供应链中可能出现的各种风险。当风险发生时，企业可以迅速启动预案，采取相应的措施来减少风险对企业运营的影响。透明度使得企业可以更快地了解供应链中的变化，从而灵活调整策略。例如，当某个供应商出现问题时，企业可以迅速找到替代供应商，确保供应链的稳定性。通过不断分析供应链中的风险和挑战，企业可以不断改进风险管理策略。企业可以定期回顾和评估风险管理策略的有效性，并根据需要进行调整。

在供应链管理中，风险管理与应对是一个持续的过程。通过提高供应链的透明度，企业可以更早地识别潜在的风险，并制定相应的策略来减少这些风险对企业运营的影响。企业还需要不断改进风险管理策略，以适应不断变化的供应链环境。

二、供应链透明度对客户关系与市场信任的影响

（一）增强消费者信心与品牌忠诚度

供应链透明度在建立消费者信任中的作用和产品追溯系统对品牌形象的正面效应，对增强消费者信心与品牌忠诚度都具有重要意义。供应链透明度在建立消费者信任中起着关键作用。消费者愿意购买来自值得信赖和诚实的

品牌的产品和服务。供应链透明度意味着品牌将真实信息传达给消费者，这有助于建立消费者与品牌之间的信任关系。当品牌坦诚地分享产品的来源、生产过程、成分等信息时，消费者可以更加放心地购买和使用产品。这种信任关系的建立，不仅可以提高消费者的满意度和忠诚度，还可以促进品牌的口碑传播和市场份额的扩大。产品追溯系统对品牌形象的正面效应也不容忽视。产品追溯系统可以通过记录和追踪产品的生命周期，提供产品的详细信息，包括原材料来源、生产批次、质检报告等。这些信息对于消费者来说具有重要的参考价值，可以帮助他们更加全面地了解产品的质量和安全性。通过产品追溯系统，企业可以向消费者展示其对产品质量和安全的关注，以及企业在保障消费者权益方面所做的努力。这不仅可以提升消费者对品牌的信任度和忠诚度，还可以增强品牌的市场竞争力和社会形象。通过产品追溯系统，企业可以向消费者展示产品的独特价值和优势，如创新技术、环保特性、社会责任等。这些信息可以突出品牌的价值观和使命，使消费者更加认同和信赖品牌。在进行购买决策时，消费者更倾向于选择能够体现自身价值观的品牌，通过追溯系统提升品牌的价值，有助于吸引并留住更多的忠实消费者。产品追溯系统可以为消费者提供互动和参与的机会，如让消费者扫描产品上的二维码查看产品信息、参与产品评价等。这种参与感可以增强消费者对品牌的关注度和归属感，从而打造更加紧密的消费者关系。产品追溯管理系统通过记录和追踪产品的生命周期，可以准确地追溯和定位任何潜在的质量问题。当产品出现质量问题时，企业可以迅速采取措施，及时召回或修复受影响的产品，减少因质量问题而带来的损失和声誉损害。这有助于提高消费者对品牌产品质量的信心。产品追溯管理系统提供的透明和可靠的信息可以让消费者对企业的产品有更大的信心。企业可以通过追溯系统向消费者展示产品的生产过程和质量保障措施，树立良好的企业形象。这有助于维护现有客户的忠诚度，并吸引更多潜在客户选择信任企业的产品。

透明度和产品追溯系统对增强消费者信心与品牌忠诚度都具有重要意义。品牌应该注重提高信息的透明度，积极建立产品追溯系统，并不断完善和优化这些系统，以提升品牌形象和消费者忠诚度。

（二）符合法规要求与社会责任

在遵守国际贸易和行业标准以及展示企业的社会责任和可持续性实践方面，企业扮演着至关重要的角色。企业在进行国际贸易时，必须严格遵守国际贸易法规，包括贸易协定、关税政策、进出口限制等。这有助于确保贸易活动的合法性，减少贸易纠纷，并维护全球贸易秩序。企业还应遵循所在行业的国际标准、国家标准或地区标准。这些标准通常涉及产品质量、安全、环保等方面，有助于确保企业产品符合市场要求，提高消费者信心，并促进行业的健康发展。企业应积极履行社会责任，关注员工福利、消费者权益、环境保护等方面。通过提高员工福利、改善工作条件、提供优质服务等方式，企业可以赢得员工和消费者的信任与支持。企业还应关注社区发展、公益活动等方面，积极回馈社会，实现与社会的共赢。企业应积极推动可持续性实践，关注经济、环境和社会三个方面的协同发展。在经济方面，企业可以通过提高内部管理效率、引入创新科技等方式，促进经济可持续发展。在环境方面，企业可以通过减少污染、节约能源、推动循环经济等方式，履行环境责任。在社会方面，企业可以通过支持当地社区的发展、开展公益活动等方式，促进社会公平和提高社会包容性。企业应定期向公众披露其社会责任和可持续性实践的相关信息，包括员工福利、环保措施、公益活动等方面的数据和成果。这有助于增强公众对企业的信任和支持。企业可以组建专门的部门或团队，负责企业社会责任和可持续性实践的策划、实施和评估。这些团队可以与企业其他部门紧密合作，共同推动企业的可持续发展。企业应积极与利益相关者合作，包括员工、消费者、供应商、政府等。通过与这些利益相关者建立良好的合作关系，企业可以更好地履行其社会责任，推动可持续性实践。

遵守国际贸易和行业标准以及展示企业的社会责任和可持续性实践是企业成功的关键。企业应积极履行这些义务，以赢得公众的信任和支持，实现可持续发展。

三、供应链透明度对协同与整合的促进作用

（一）加强供应链伙伴之间的沟通与协作

在加强供应链伙伴之间的沟通与协作中，透明度起着至关重要的作用。透明度允许供应链伙伴之间共享更多、更详细的信息，包括库存水平、生产计划、订单状态等。这使得每个合作伙伴都能实时掌握供应链的最新动态，从而作出更准确的决策。通过共享透明信息，供应链伙伴可以更好地理解彼此的立场和需求，消除误解和疑虑，建立更加互信和稳定的关系。共享透明信息有助于供应链伙伴更准确地预测未来的需求和供应情况，从而提前调整生产计划和库存管理，降低库存积压和缺货的风险。透明度使得供应链伙伴

能够共同查看和分析数据，从而更容易达成共识，制定更加符合整体利益的决策。通过共享信息和数据，供应链伙伴可以共同评估不同决策方案的影响和效果，选择最优方案，提高决策的科学性和准确性。透明度有助于供应链伙伴更快地获取市场变化的信息，从而更快地调整生产和供应策略，满足市场需求。通过建立一个共同的信息共享平台，供应链伙伴可以实时共享信息，避免信息孤岛的产生。这有助于实现信息的快速流通和共享，提高供应链的响应速度和灵活性。建立统一的沟通机制，如定期召开会议、使用统一的沟通工具等，有助于确保供应链伙伴之间的信息畅通和有效沟通。这可以减少误解和沟通障碍，提高协同效率。利用物联网、大数据、人工智能等先进的信息技术，可以实现供应链信息的实时采集、分析和共享。这不仅可以提高信息的准确性和可靠性，还可以降低信息处理的成本和减少信息处理的时间。

透明度在信息共享和协同决策中具有重要的价值。加强供应链伙伴之间的沟通与协作，减少信息孤岛，可以显著提高整体供应链的效率和竞争力。透明度在供应链伙伴之间的信息共享和协同决策中确实扮演着至关重要的角色。它不仅能够打破信息壁垒，减少信息孤岛，还能促进各合作伙伴之间的有效沟通与协作，从而显著提高整体供应链的效率和竞争力。透明度鼓励供应链伙伴之间共享关键信息，如库存水平、生产进度、市场需求等。这种信息共享有助于各方更准确地把握市场动态，预测潜在风险，从而制定更加合理的供应链策略。通过透明度的提升，供应链伙伴可以更加清晰地了解彼此的运营情况和需求，从而更容易达成共识，制定协同决策。这种协同决策能够确保供应链的各个环节更加协调，减少资源浪费和冲突，提高整体效率。透明度有助于打破信息孤岛，确保供应链中的信息能够实时、准确地流通到各个环节。这有助于消除信息延迟和误解，随着透明度的提高，供应链伙伴之间的沟通与协作将变得更加顺畅，从而优化整个供应链的运营流程。这将有助于降低库存成本、缩短交货周期、提高客户满意度，最终提高供应链的效率和竞争力。

为了提高供应链的效率和竞争力，企业应积极采取措施加强供应链伙伴之间的沟通与协作，推动信息共享和协同决策，注重提高供应链的透明度。这有助于构建一个更加高效、协同、可持续的供应链生态系统。

（二）整合内外部资源以实现共同目标

透明度在供应链战略联盟形成以及促进跨组织学习和创新方面，都起到了关键的作用。透明度允许供应链伙伴之间公开、诚实地分享信息，这有助于建立和维护信任关系。在供应链战略联盟中，信任是基石，它能够促进各方之间的紧密合作，共同应对市场挑战。通过透明度，供应链伙伴可以更加清晰地了解彼此的目标、需求和期望，这有助于各方在战略层面上达成共识。这种共识是形成供应链战略联盟的基础，能够确保各方在合作过程中保持一致的行动方向。透明度使得供应链伙伴能够共同评估各种资源的分布和使用情况，从而更加合理地配置内透明度，鼓励供应链伙伴之间共享知识、经验和技能，这有助于各方相互学习、借鉴和进步。通过共享知识，供应链伙伴可以共同面对市场挑战，推动整个供应链的持续发展。透明度能够激发供应链伙伴的创新思维，鼓励他们尝试新的方法、技术和理念。这种创新思维有助于打破传统的思维框架，推动供应链在各个方面实现创新，提高整个供应链的竞争力。透明度有助于供应链伙伴之间建立合作研发关系，共同开发新产品、新技术和新服务。这种合作研发能够汇聚各方的智慧和资源，加速创新成果的产出和推广，推动整个供应链的升级和发展。

透明度在供应链战略联盟形成以及促进跨组织学习和创新方面都具有重要作用。通过提高供应链的透明度，企业可以建立更加紧密、高效的供应链战略联盟，实现内外部资源的优化配置和共同目标的达成。同时，透明度还可以促进供应链伙伴之间的知识共享和创新思维激发，推动整个供应链的持续发展和竞争力提升。

四、供应链透明度在现代企业管理中的核心地位

（一）透明度对企业持续竞争优势的贡献

供应链透明度在现代企业管理中的核心地位不可忽视，供应链透明度有助于企业清晰地了解和跟踪供应链中的每一个环节，从原材料采购到最终产品交付。这种透明度能够使企业及时发现问题、预测风险，并采取相应措施进行改进，从而避免信息不对称带来的延误和损失。通过优化库存管理、减少库存积压和资金占用，企业可以提高资金周转率，降低库存成本，进而提高供应链的整体效率。供应链透明度能够使企业监控和管理产品质量和安全性，确保产品符合相关标准和法规要求。同时，通过追溯产品的生产过程和流向，企业可以快速定位问题源头，采取有效的召回措施，保障消费者权益，维护品牌声誉。这有助于提高消费者对企业的信任度，进而提升企业的市场

竞争力。企业透明度的提升可以增强消费者对企业的信任和好感，从而增强企业的品牌形象。消费者了解到企业注重产品质量、关注环境保护、履行社会责任等方面以后，更有可能选择该企业的产品。这种品牌形象的提升有助于企业在激烈的市场竞争中脱颖而出，形成独特的竞争优势。透明度有助于供应链伙伴之间共享知识、经验和技能，从而促进跨组织学习和创新。通过合作研发、共同开发新产品等方式，企业可以汇聚各方智慧和资源，加速创新成果的产出和推广。这种创新能力有助于企业不断推出具有竞争力的新产品和服务，满足市场需求，保持领先地位。供应链透明度有助于企业更好地管理风险，规避潜在危机。通过了解和跟踪供应链的每一个环节，企业可以预测可能的风险和问题，并采取相应的措施进行应对。这有助于减少突发事件对企业运营的影响，确保供应链的稳定性和可靠性。

供应链透明度对企业持续竞争优势的贡献主要体现在提高供应链效率、保障产品质量和安全性、增强企业的品牌形象、促进跨组织学习和创新以及降低风险等方面。因此，现代企业在管理过程中应高度重视供应链透明度的建设，以实现企业的可持续发展。

（二）倡导并实践供应链透明度的必要性与紧迫性

透明度对于提高供应链的效率至关重要。通过实现信息共享和数据传递，企业可以实时掌握供应链的运作情况，及时发现问题并采取相应措施，从而提高整个供应链的运作效率。例如，企业可以更准确地预测市场需求，优化库存管理，降低库存成本，实现供需匹配，提高响应速度和灵活性。在全球化的供应链环境中，各种潜在风险如供应商倒闭、原材料价格波动、自然灾害等随时可能影响到企业的生产和运营。通过提高供应链透明度，企业可以更好地了解供应链中各个环节的风险因素，及时预警和应对，降低风险发生的可能性。通过提高供应链透明度，企业可以展示其在环保、劳工权益、产品质量等方面的努力和成果，满足利益相关者的期望和要求，增强企业的社会声誉和品牌价值。通过提高供应链透明度，企业可以推动跨组织学习和创新。透明度有助于促进供应链伙伴之间的知识共享和创新思维激发。通过合作研发、共同开发新产品等方式，企业可以汇聚各方智慧和资源，加速创新成果的产出和推广。这种创新能力有助于企业不断推出具有竞争力的新产品和服务，满足市场需求，保持领先地位。随着各国政府对供应链管理的法规要求越来越严格，企业面临着越来越大的合规压力。通过提高供应链透明度，企业可以更好地了解并遵守相关法规要求，避免因违规而面临罚款、诉讼等风险。

倡导并实践供应链透明度的必要性与紧迫性不仅体现在提高供应链效率和降低风险方面，还涉及履行企业社会责任、推动跨组织学习和创新以及应对法规要求等方面。因此，企业应该积极采取措施提高供应链的透明度，以应对日益复杂多变的商业环境。

追踪技术的应用与发展

追踪技术，又称为示踪技术或跟踪技术，是一种广泛应用于多个领域的技术，其核心在于估计和记录物体或信息在不同场景或时间点的运动轨迹或变化过程。这种技术通过使用特定的方法或工具，对目标进行持续的观测和记录，从而实现对目标行为的追踪和分析。追踪技术在多个领域都发挥着至关重要的作用。在物流领域，追踪技术通过实现链式查询，实现了物流过程全程的追踪，确保了货物的安全和及时送达。在安防监控领域，追踪技术则通过视频监控等方式，实现了对目标行为的实时跟踪和记录，为安全保卫提供了有力的支持。在生物学和医学领域，追踪技术则通过添加特殊的标记物，如示踪剂、探针等，来观察和研究物质在生物体内的运动轨迹和代谢过程，为疾病诊断和治疗提供了重要的帮助。追踪技术作为一种重要的技术手段，其应用范围广泛，功能强大。在本节中，我们将深入探讨追踪技术的原理、应用和发展趋势，以期为相关领域的研究和应用提供有益的参考。

一、追踪技术的类型

（一）视觉追踪技术

视觉追踪技术是一种基于图像处理和分析的技术，它利用摄像机采集的图像信息，通过算法对目标在图像中的位置和运动进行分析和判断，从而实现对目标的连续追踪。这种技术可以广泛应用于多个领域，包括视频监控、物体识别、无人驾驶等。在视频监控领域，视觉追踪技术可以自动跟踪监控区域内的目标，如行人、车辆等，实现对这些目标的实时追踪和监控。通过设计特定的跟踪算法和规则，系统可以自动识别出目标，并对其进行持续跟踪，从而大大提高了监控的效率和准确性。在物体识别领域，视觉追踪技术可以识别并跟踪图像中的特定物体，如人脸、手势等。通过训练算法学习物体的特征，系统可以在图像中快速找到并锁定目标物体，然后对其进行跟踪。这种技术可用于人机交互、智能安防等领域。在无人驾驶领域，视觉追踪技术是实现自动驾驶的关键技术之一。通过摄像机采集道路和周围环境的图像信息，系统可以识别出道路标志、车辆、行人等目标，并对其进行实时跟踪。同时，通过结合其他传感器信息，如激光雷达、GPS 等，系统可以实现对车辆自身位置和姿态的准确估计，从而实现自主导航和避障等功能。

视觉追踪技术的发展离不开计算机视觉和图像处理技术的不断进步。随着深度学习等先进技术的引入，视觉追踪算法的性能得到了显著提升，能够在复杂环境中准确、稳定地跟踪目标。未来，随着技术的不断发展和完善，视觉追踪技术将在更多领域得到应用，为人们的生活带来更多便利和安全性。

（二）雷达追踪技术

雷达追踪技术是一种高效且精准的目标追踪方法，它依赖于雷达系统对目标进行连续观测和测量。雷达系统通过发射电磁波并接收目标反射回来的回波信号，分析这些信号的特征和变化，从而实现对目标的追踪。雷达追踪技术具有许多优点，例如能够在恶劣的天气条件下进行目标追踪，具有较远的探测距离和较高的探测精度，能够同时追踪多个目标等。这使得雷达追踪技术在航空航天、导航定位等领域具有广泛的应用。在航空航天领域，雷达追踪技术被用于对飞机、卫星等航空器的追踪和监测。雷达系统能够实时获取航空器的位置、速度、方向等信息，并通过分析这些信息，对航空器的飞行轨迹进行判断和预测。这对于空中交通管理、航空安全等方面具有重要意义。在导航定位领域，雷达追踪技术能够提供精确的目标位置信息。通过将雷达系统与卫星导航系统结合使用，可以实现对目标的精确定位和追踪。这对于无人驾驶汽车、无人机等智能系统的导航和定位具有重要意义。雷达追踪技术还可以应用于气象观测、海洋监测等领域。通过对气象目标（如降水、风场等）或海洋目标（如船只、浮标等）的追踪和监测，雷达系统可以获取这些目标的实时位置、速度等信息，为气象预报、海洋资源管理等提供重要数据支持。

雷达追踪技术是一种高效、精准的目标追踪方法，在航空航天、导航定位等领域具有广泛的应用前景。雷达追踪技术利用雷达系统对目标进行连续观测和测量，通过分析目标的回波信号，实现对目标的追踪。雷达追踪技术可以应用于航空航天、导航定位等领域。随着技术的不断发展和完善，雷达追踪技术将在更多领域得到应用，为人们的生活带来更多便利和安全性。

（三）卫星定位与导航技术

卫星定位与导航技术是一种利用人造卫星系统提供的定位和导航信号，通过接收和处理这些信号来确定地球上任意位置的目标的具体坐标，并对其进行追踪的技术。这种技术已广泛应用于导航系统、车辆追踪、航空航海、农业、军事等多个领域。卫星定位与导航技术的工作原理是基于三角测量法的。卫星系统（如美国的 GPS、俄罗斯的 GLONASS、欧洲的 Galileo 和中国的 BDS 等）由多个地球轨道上的卫星组成，这些卫星持续向地球表面发射包含时间戳和卫星位置信息的信号。地面上的接收器（如智能手机、车载导航设备等）接收到这些信号后，会记录下信号到达的时间，并利用自身内部的时钟进行计算。通过比较信号传播所需的时间与光速的乘积，接收器可以计算出接收器与卫星之间的距离。当接收器能够同时接收到至少四颗卫星的信号时，接收器就可以利用三角测量法计算出接收器的精确位置。在导航系统中，卫星定位与导航技术为用户提供了实时的位置、速度和方向信息。用户只需携带一个接收器，就可以在全球范围内进行准确地定位和导航。这种技术已经广泛应用于汽车、飞机、船舶等交通工具的导航系统中，大大提高了导航的精度和效率。在车辆追踪领域，卫星定位与导航技术通过接收和处理车辆上的接收器发送的位置信息，可以实现对车辆的实时追踪和监控。这对于物流运输、出租车调度、共享单车管理等场景非常有用。通过车辆追踪系统，企业可以实时掌握车辆的位置和状态，优化运输路线和调度方案，提高运输效率和客户满意度。卫星定位与导航技术还在农业、军事等领域发挥着重要作用。在农业领域，通过安装在农机具上的接收器，农民可以准确掌握农田的位置和面积信息，实现精准播种、施肥和灌溉等作业。在军事领域，卫星定位与导航技术为军队提供了精确的导航和定位服务，支持作战指挥、目标打击等任务。

卫星定位与导航技术是一种高效、精准的目标追踪技术，在多个领域都有广泛的应用。随着技术的不断发展和完善，未来卫星定位与导航技术将在更多领域得到应用，为人们的生活带来更多便利和安全性。

（四）无线通信追踪技术

无线通信追踪技术是一种利用无线通信技术对目标进行连续监测和测量的技术，通过分析目标发出的信号特征，如信号强度、频率、传输时间等，实现对目标的精确定位和追踪。这种技术在多个领域有着广泛的应用，特别是在通信系统、无人机、智能交通等领域。在通信系统领域，无线通信追踪技术可以确保通信信号的稳定传输和接收。通过监测通信设备的信号特征，系统可以实时了解设备的状态，从而优化通信路径，减少通信中断和延迟。同时，该技术还可用于识别和定位恶意干扰源，提高通信系统的安全性和稳定性。在无人机领域，无线通信追踪技术为无人机的导航、控制和监控提供了重要支持。无人机通过无线通信技术与地面控制站进行通信，将自身的位置、速度、姿态等信息传输给控制站，控制站则通过分析这些信息，实现对无人机的远程控制和监控。此外，无线通信追踪技术也可用于无人机的防撞、避障等安全功能，提高无人机的飞行安全性和可靠性。在智能交通领域，无线通信追踪技术可以实现车辆之间的实时通信和位置共享，从而提高交通系统的效率和安全性。通过无线通信技术，车辆可以实时获取交通信息、路况信息等，并根据这些信息做出最优的行驶决策。该技术还可用于车辆的智能调度、交通信号控制等方面，提高交通系统的智能化水平。无线通信追踪技术通过利用无线通信技术对目标进行连续监测和测量，实现对目标的精确定位和追踪。这种技术在多个领域都有广泛的应用前景，其应用范围将会越来越广泛。还有一些其他类型的追踪技术，如超声式位置追踪系统、光学式位置追踪系统、电磁式位置追踪系统等。这些系统各有特点，适用于不同的应用场景。无线通信追踪技术利用无线通信技术对目标进行连续监测和测量，通过分析目标的信号特征，实现对目标的追踪。

无线通信追踪技术可应用于通信系统、无人机等领域。

追踪技术的发展呈现出多样化和专业化的趋势，各种技术相互融合，不断推动追踪技术的创新和应用。随着科技的不断发展，未来追踪技术将在更多领域得到应用，为人们的生活带来更多便利。

二、追踪技术在供应链管理中的应用

追踪技术在供应链管理中的应用案例多种多样，这些技术有效地提高了供应链的透明度、效率和安全性。

（一）RFID 技术在食品追溯中的应用

RFID，全称 Radio Frequency Identification，即射频识别，又称无线射频识别、感应式电子晶片、近接卡、感应卡、非接触卡、电子标签、电子条码等。它是一种无线通信技术，能够通过无线电信号识别特定目标并读写相关数据，而无须识别系统与特定目标之间建立机械或光学接触。RFID 技术利用射频信号通过空间耦合（交变磁场或电磁场）实现无接触信息传递，并通过所传递的信息达到识别目的。RFID 技术具有防水、防磁、耐高温、使用寿命长、读取距离大、标签上数据可以加密、存储数据容量更大、存储信息更改自如等优点，可以识别高速运动物体并可同时识别多个标签。RFID 技术已广泛应用于动物晶片、汽车晶片防盗器、门禁管制、停车场管制、生产线自动化、物料管理等领域。

RFID 技术在食品追溯中的应用非常广泛，它能够显著提高食品供应链的透明度、安全性和效率。RFID 技术具有全面的信息采集功能。在食品的生产环节，RFID 技术可以通过 RFID 标签对原材料、生产批次等信息进行自动识别和记录。在食品的流通环节，系统能够通过 RFID 标签对食品的运输、仓储等信息进行实时跟踪和记录。在食品的销售环节，系统能够通过 RFID 标签对食品的销售、退货等信息进行记录，以确保食品来源的清晰可追溯。消费者可以通过扫描 RFID 标签，查询食品的生产日期、保质期、运输过程、仓储条件等信息，以了解食品的来源和安全性。企业可以通过系统查询各个批次食品的生产、运输、仓储和销售等信息，以便及时发现并解决问题，提高食品的质量和安全管理水平。RFID 食品追溯管理系统可以根据采集的数据自动分析食品的温度、湿度等环境因素，以及食品的过期、召回等情况，及时发出预警信息，提醒企业采取相应的措施，以避免食品安全事故的发生。通过在产品上附着 RFID 标签，企业可以实时追踪和监控库存的位置、数量和出入库状态，从而更精准地掌握库存情况，降低库存成本，减少滞销产品，并优化供应链管理流程。企业可将 RFID 标签贴在每个产品上，记录产品的详细信息，如生产日期、生产批次、原料来源等，企业可利用 RFID 读写器 / RFID 手持终端对食品生产过程进行监控，有助于实时掌握生产进展，确保产品质量和安全。

RFID 技术在食品追溯中的应用为食品供应链提供了强大的支持，从而提高了食品的安全性、可追溯性和消费者的信任度。

（二）卫星定位与导航技术在物流运输中的应用

卫星定位与导航技术在物流运输中发挥着至关重要的作用，它们通过提供精确的位置和导航信息，极大地提高了物流运输的效率和安全性。通过在货车上安装 GPS 设备，物流公司可以实时追踪和监控货车的位置、速度和行驶路线。这有助于调度员根据实际情况进行调度和优化路线，提高运输效率，降低空载率，降低运输成本。除了对货车进行定位管理外，物流公司还可以在货物上安装 GPS 设备，以实现对货物的实时追踪和监控。客户可以通过云端平台随时查看货物的位置和运输情况，及时了解配送进展情况，这有助于提高客户满意度和黏性。通过对车队中所有车辆进行 GPS 定位和监控，物流公司可以对整个车队的运行情况进行实时监控和管理。调度员可以随时查看整个车队的位置、速度和行驶路线等信息，并根据实际情况进行统一调度和管理，提高整个车队的运行效率。通过卫星定位与导航技术，物流公司可以根据实时路况信息，为货车规划最优的运输路线。这有助于减少路程时间和成本，提高运输效率。卫星定位与导航技术还可用于安全管理。例如，在货车遇到紧急情况时，调度员可以通过 GPS 定位迅速找到货车的位置，及时采取措施进行救援。此外，通过监控货车的行驶轨迹和速度，物流公司还可以防止超速、疲劳驾驶等违规行为，提高运输安全性。北斗卫星导航系统是一个重要的应用案例。北斗系统服务性能优异、功能强大，能够满足多样化的需求。在物流运输中，北斗系统可以提供物流运输路线规划、运输效率分析、车辆监控等服务，有效提高物流运输效率。

卫星定位与导航技术将在物流运输领域发挥更加重要的作用。通过卫星定位与导航技术（如 GPS），物流公司可以实时追踪货车的位置和状态，优化运输路线，提高运输效率。该技术还可用于货物的防盗和防丢失，一旦货物出现异常情况，物流公司可以迅速定位并采取相应的措施。卫星定位与导航技术在物流运输中的应用已经成为提高物流效率、降低成本、提升服务质量的重要手段。

（三）物联网技术在供应链管理中的应用

物联网技术（Internet of Things，IoT）起源于传媒领域，被视为信息科技产业的第三次革命。物联网是指通过信息传感设备，按约定的协议，将任何物体与网络相连接，物体通过信息传播媒介进行信息交换和通信，以实现智能化识别、定位、跟踪、监管等功能。

通过将传感器、RFID 标签等物联网设备嵌入供应链中的各个环节，企业可以实时收集和处理供应链中的数据，实现供应链的智能化管理。例如，在农产品供应链中，物联网技术可以实时监测农产品的生长环境、运输条件等，确保农产品在最佳状态下到达消费者手中。物联网技术在供应链管理中的应用已经越来越广泛，它通过实时收集和处理供应链中的数据，极大地提高了供应链的透明度、效率和安全性。通过将 RFID 标签、GPS 跟踪器等物联网设备集成到车辆、集装箱和仓库中，企业可以实时追踪和监控货物在供应链中的位置、状态和环境条件。这种实时的可视性使企业能够更好地管理库存、优化运输路线和减少货物损失。物联网设备中的传感器可以实时监测设备（如运输车辆、仓库设施等）的性能和状态，收集数据并传输至云平台进行分析。通过预测性维护，企业可以在潜在问题升级之前识别并解决它们，减少计划外停机时间、降低维护成本并优化维护计划。物联网技术使库存管理更为精准。传感器可以实时监测库存水平、货物存放条件等信息，帮助企业调整库存策略、避免积压或缺货现象的发生，并结合自动化订货和补货系统提高库存周转率和资金利用效率。通过物联网技术实现实时信息共享和监控，供应商可以更有效地管理其设备和生产过程，降低故障率和提高生产效率。企业可以利用这些数据来优化供应商管理策略，实现供应链的协同和共赢。物联网技术在农产品供应链中发挥着重要作用。例如，通过监测农产品的生长环境（如气温、湿度、光照等）、运输条件（如温度、湿度控制）等信息，企业可以确保农产品在最佳状态下到达消费者手中。物联网技术还可以提高农产品的追溯能力，帮助消费者了解产品的来源和质量。利用物联网技术收集供应链数据，进行数据分析与挖掘，企业可以更好地了解市场需求、预测销售趋势，从而优化供应链规划和调度。这种数据驱动的决策方式有助于企业降低供应链运营风险、提高灵活性和响应速度。通过物联网技术，企业可以实现供应链的自动化库存管理和订单调度，有效减少人工操作和时间成本。物联网技术还可以支持智能决策系统，帮助企业在复杂的供应链环境中作出更明智的决策。

物联网技术在供应链管理中的应用为企业提供了实时、准确的数据支持，有助于企业实现供应链的智能化管理和优化。因此，物联网技术在供应链管理中发挥更加重要的作用。

（四）区块链技术在供应链追溯中的应用

区块链技术是基于密码学算法发展而来的，通过对特定密码学算法的应用，使各网络节点能够获取相应的数据块。这些数据块是区块链的基本组成部分，并且按照时间顺序链接起来，形成一个完整的数据链。数据链需要网络各节点协同维护，形成的数据库具有分布式和去中心化的特点。在区块链中，每个数据块都包含了前一个数据块的信息，以及自身的交易信息，从而形成了一个不断向前的数据链。在区块链中，数据的生成与更新借助分布式节点共识算法进行验证，同时数据的公开透明性，使得每个人都可以通过公开的网络节点查询和应用区块链数据。这种数据链的形成方式确保了区块链的安全性和可信度，使得其能够被广泛应用于各种领域。

区块链技术在供应链追溯中的应用为供应链管理带来了革命性的变革。其去中心化、不可篡改和透明可追溯的特性，使得供应链中的每个环节都能得到准确的记录和验证，从而极大地提高了供应链的透明度和可信度。它可以记录产品的全生命周期信息，包括原材料来源、生产过程、物流运输、销售环节等。这些信息以加密的方式存储在区块链上，形成一条完整、真实、可追溯的链条。消费者可以通过扫描产品上的二维码或使用手机应用程序，追溯产品的生产过程、原材料来源和供应链路径，实现信息的透明和可追溯性。区块链技术也可以为产品提供防伪溯源的功能。通过在产品上添加唯一的区块链标识（如 RFID 标签），企业可以将产品的生产、质检、物流等信息记录在区块链上，确保信息的真实性和不可篡改性。消费者可以通过查询区块链标识，验证产品的真伪和来源，提高消费信心和安全性。通过智能合约，企业可以自动执行合同条款和风险管理规定，减少人为干预和欺诈行为。区块链技术还可以实现供应链的实时信息共享和协同工作，提高供应链的响应速度和灵活性。区块链技术可以为供应链金融提供更安全、高效的解决方案。通过将供应链中的交易、票据等信息记录在区块链上，企业可以实现资产证券化、融资和结算的自动化和智能化。这不仅可以降低融资成本，还可以提高资金利用效率和安全性。区块链技术通过加密和去中心化的方式，可以确保供应链中的数据安全和隐私保护。区块链上的数据以分布式的方式存储在多个节点上，每个节点都有完整的数据副本，从而避免了单点故障和数据泄漏的风险。区块链技术还可以实现数据的匿名化和加密传输，保护消费者的隐私权益。例如，一家饮料公司使用区块链技术实现了其供应链的实时监控和管理，消费者可以通过扫描产品上的二维码查看产品的生产、运输等全过程信息，提高了消费者对产品的信任度。

区块链技术在供应链追溯中的应用为供应链管理带来了更高效、更透明、更安全的解决方案。区块链将在供应链管理领域发挥越来越重要的作用。区块链技术具有去中心化、不可篡改等特点，非常适用于供应链追溯。通过将供应链中的各个环节的信息记录在区块链上，企业可以确保信息的真实性和可追溯性。

（五）智能传感器在库存管理中的应用

智能传感器在库存管理中的应用确实为企业带来了许多便利和优势。通过在仓库中部署智能传感器，企业可以实时监测仓库内的温度、湿度等环境参数。当这些参数超出设定的阈值时，系统会自动发出警报，提醒工作人员及时采取措施，以确保库存商品的质量和安全。智能传感器能够实时记录库存商品的数量、位置等信息，并与库存管理系统进行集成。企业就可以由此实现库存的自动化管理，包括自动计数、自动盘点等。通过减少人工操作，企业可以提高库存管理的准确性和效率，减少错误和损失。在大型仓库中，货物的定位是一个复杂而烦琐的任务。在货物上安装无线传感器节点，企业可以实时追踪货物的位置和状态，工作人员可以快速找到需要的货物，提高工作效率。企业还可以利用这些数据进行货物运输的优化，降低运输成本。智能传感器收集并分析仓库运营数据，帮助企业预测未来的库存需求。基于这些数据，企业可以制订更合理的生产和采购计划，避免库存积压或断货的情况。智能传感器帮助企业优化仓库的布局和管理流程，提高仓库的运营效率。通过图像识别和传感器等技术，智能传感器可以自动检测和分析库存商品的质量。例如，在食品或药品行业，智能传感器可以实时监测产品的保质期、湿度等信息，确保产品质量符合标准。

这些应用案例展示了追踪技术在供应链管理中的重要作用，它们不仅提高了供应链的透明度和效率，还增强了供应链的安全性和可靠性。通过在仓库中部署智能传感器，企业可以实时监测仓库内的温度、湿度等环境参数，确保库存商品的质量和安全。智能传感器还可以实时记录库存商品的数量、位置等信息，实现库存的自动化管理。追踪技术将在供应链管理中发挥更加重要的作用。

三、追踪技术的未来发展趋势

（一）物联网（IoT）与追踪技术的深度融合

物联网是互联网和信息技术发展的一个全新里程碑，通俗地说，物联网是基于互联网将物体与物体相连接的网络，利用各种通信装置，如感应器和定位系统等，按照相应约定将任意一个物品与网络相连，完成互联物品的数据交流，智能控制物品。物联网系统的核心是智能传感器，其已在监控和交通管理等领域广泛应用。

随着物联网技术的不断发展和普及，未来追踪技术可能会与物联网更加紧密地融合。这种融合将极大地提高追踪技术的精确性、实时性和效率，为各种应用场景带来前所未有的便利和价值。物联网技术能够实时收集和传输大量关于追踪对象的数据。通过在追踪对象上安装物联网设备，如传感器、RFID 标签等，可以实时获取其位置、状态、环境参数等信息，并通过网络将这些数据发送到中央服务器或云平台进行处理和分析。这种实时数据收集的能力，使得追踪技术能够更准确地掌握追踪对象的情况，为决策提供有力支持。通过物联网设备收集的数据，可以更加精确地确定追踪对象的位置和状态。结合大数据分析和人工智能技术，可以对这些数据进行深度挖掘和处理，发现其中的规律和趋势，从而更准确地预测追踪对象的行为和趋势。这种精确的追踪能力，对于物流、交通、安全等领域具有重要意义。物联网与追踪技术的融合将提高追踪效率。传统的追踪方式往往需要人工参与，不仅效率低下，而且容易出错。然而物联网技术可以实现自动化、智能化的追踪，减少人工干预，提高追踪效率。物联网设备还可以与其他系统进行集成和联动，实现更高效的协同工作。例如，在物流领域，物联网设备可以与运输车辆、仓库管理系统等进行集成，实现货物的实时追踪和管理。

物联网与追踪技术的深度融合还将为隐私保护和数据安全提供新的解决方案。采用先进的加密技术、访问控制等手段，可以确保追踪数据的安全性和隐私性。同时，物联网技术的应用还可以实现数据的实时备份和恢复，避免数据丢失或损坏的风险。物联网与追踪技术的深度融合将为各种应用场景带来更加精确、高效、智能的追踪解决方案，未来这种融合将会发挥更加重要的作用。

（二）人工智能（AI）在追踪技术中的应用

人工智能（AI）在追踪技术中的应用确实为这一领域带来了革命性的变革。随着机器学习、深度学习等技术的快速发展，AI 正在不断拓宽追踪技术的边界，使得追踪过程更加智能化、高效化和精确化。AI 可以通过机器学习算法自动分析追踪数据，识别出数据中的模式和趋势。通过对历史数据的学习和分析，

AI 模型可以预测追踪对象未来的行为和趋势，为决策者提供有力的参考。这种预测能力在物流、交通、安全等领域尤为重要，可以帮助企业优化运输路线、减少运输时间和成本，提高安全性和效率。AI 在追踪技术中的应用还可以提高追踪的准确性和效率。传统的追踪方法往往需要人工参与，容易受到人为因素的影响，而 AI 可以通过自动化的方式，减少人为干预，降低错误率。同时，AI 模型可以实时处理和分析大量的追踪数据，快速准确地确定追踪对象的位置和状态，为决策者提供及时准确的信息。AI 还可以结合其他技术，如物联网（IoT）技术，实现更智能的追踪。通过物联网设备收集的数据，AI 模型可以更加精确地了解追踪对象的状态和环境信息，从而作出更准确的判断和决策。这种融合使得追踪技术更加全面、高效和智能化。AI 在追踪技术中的应用也面临着一些挑战。例如，数据的隐私和安全问题是 AI 应用的重要考虑因素。在追踪过程中，涉及大量的个人和企业数据，如何保护这些数据的隐私和安全是一个重要的问题。此外，AI 模型的准确性和可靠性也是需要考虑的因素。由于追踪数据的复杂性和不确定性，AI 模型可能会出现误判或漏判的情况，因此需要对模型进行不断地优化和改进。

人工智能在追踪技术中的应用为这一领域带来了革命性的变革。通过机器学习、深度学习等技术，AI 可以自动分析追踪数据，预测追踪对象的行为和趋势，提高追踪的准确性和效率。随着技术的不断进步和应用场景的不断扩展，AI 在追踪技术中的应用将会发挥更加重要的作用。人工智能技术的快速发展为追踪技术带来了新的机遇。通过机器学习、深度学习等技术，可以自动分析追踪数据，预测追踪对象的行为和趋势，提高追踪的准确性和效率。

（三）区块链技术在追踪技术中的应用

区块链技术在追踪技术中的应用确实带来了许多优势，这主要得益于其去中心化、不可篡改、透明可追溯等特性。通过其分布式账本结构，可以确保追踪数据的真实性和可信度。每个数据块都被加密并链接到前一个块，形成一个连续的链条，从而防止数据被篡改。这确保了追踪过程中的数据完整性和可信度，为追踪结果提供了坚实的基础。去中心化特性使其不依赖于单一的中央机构或服务器，从而提高了系统的可靠性和安全性。即使部分节点出现故障或被攻击，整个网络仍然能够继续运行。区块链使用复杂的密码学算法和共识机制来确保数据的安全性和完整性，防止未经授权的访问和篡改。区块链技术可以提供一个透明的、可追溯的记录系统，用于追踪物品的来源、运输、存储等各个环节。这使得消费者和监管机构能够轻松查看产品的全生命周期信息，提高产品的透明度和可信度。在追踪过程中，智能合约可以根据预定的条件和规则自动执行物流任务，如自动记录数据、触发警报等。这可以减少人为干预和错误，提高追踪的效率和准确性。区块链技术可以帮助追踪和验证产品的真实性和来源，从而防止欺诈和售假行为。通过检查产品上的区块链标签或扫描二维码，消费者可以验证产品的真伪和来源信息。

区块链技术在追踪技术中的应用可以确保数据的真实性和可信度，提高追踪技术的可靠性和安全性，实现透明可追溯的记录系统，并防止欺诈和售假行为。随着技术的不断发展和应用场景的不断扩展，区块链在追踪技术中的潜力将会得到更充分的发挥。区块链技术以其去中心化、不可篡改、透明可追溯等特性，在追踪技术中具有巨大的应用潜力。通过将区块链技术与追踪技术相结合，可以确保追踪数据的真实性和可信度，提高追踪技术的可靠性和安全性。

（四）追踪技术的多元化和个性化

不同行业对追踪技术的需求各不相同。例如，物流行业需要高效的货物追踪系统，而医疗行业则可能更关注药品和设备的追溯管理。未来的追踪技术将更加注重行业特定解决方案的开发，以满足不同行业的独特需求。多种技术（如物联网、人工智能、区块链等）的融合将成为追踪技术的重要趋势。这种融合将产生更加先进、高效、安全的追踪系统，能够处理更复杂、更多样化的追踪任务。为了满足不同规模和需求的用户，追踪技术需要具备高度的可扩展性和灵活性。这意味着系统能够轻松适应不同的应用场景，支持多种设备和协议，以及与其他系统的集成。随着消费者需求的日益个性化，追踪技术也将提供更加个性化的服务。用户可以根据自己的需求定制追踪服务，设置特定的追踪频率、接收特定的追踪信息或触发特定的警报。通过收集和分析用户的追踪数据，系统可以为用户提供个性化的数据分析报告。这些报告可以帮助用户更好地了解自己的追踪需求和行为模式，从而作出更明智的决策。个性化追踪技术将更加注重用户体验。通过优化界面设计、简化操作流程、提供实时反馈等方式，系统可以为用户带来更加便捷、直观、愉悦的使用体验。

未来追踪技术的发展将越来越注重多元化和个性化。通过开发适应不同行业和场景需求的解决方案、融合多种先进技术、提供高度可扩展性和灵活性以及提供个性化服务等方式，追踪技术将能够更好地满足市场和用户的需求，为各种应用场景带来更加高效、安全、智能的追踪服务。不同行业和不同场景下的追踪需求会有所不同，因此需要开发出适应各种需求的追踪技术。个性化追踪技术也将成为未来的一个重要趋势，以满足用户对追踪服务的个性化需求。

（五）隐私保护和数据安全

在追踪技术广泛应用的背景下，隐私保护和数据安全问题确实成为不容忽视的重要议题。为了应对这些挑战，未来追踪技术的发展必须更加注重隐私保护和数据安全，并采取一系列先进的技术手段和管理措施。数据加密技术是保护数据隐私和安全的重要手段。数据加密技术通过使用先进的加密算法，可以对追踪数据进行加密处理，确保数据在传输和存储过程中的安全性。对于敏感数据，可以实施更高级别的加密措施，以防止未经授权的访问和泄漏。访问控制机制也是保护数据隐私的重要措施。访问控制机制通过建立严格的访问控制策略，可以限制只有授权人员才能访问和使用追踪数据。这可以通过设置身份验证、权限管理等措施来实现，确保数据的访问和使用符合规定的范围和目的。匿名化和数据脱敏技术也是保护用户隐私的有效手段。通过匿名化处理，可以将追踪数据中的个人身份信息去除或替换，使数据无法直接关联到具体个人。数据脱敏则是对数据进行模糊化处理，使其降低或失去敏感信息的识别度。这些技术可以有效减少数据泄漏和滥用的风险。除了技术手段外，管理措施也是保障隐私保护和数据安全的关键。企业应建立完善的数据安全管理制度和流程，明确数据的收集、使用、存储和销毁等环节的责任和权限。加强对员工的数据安全意识培训和教育，提高员工对数据隐私和安全的重视程度和自我保护能力。随着技术的不断发展，新的隐私保护技术也不断涌现。例如，隐私计算技术作为一种新兴的技术手段，可以在保障数据隐私的前提下实现数据的流通和共享。这为追踪技术的发展提供了新的思路和方向。

采用先进的技术手段和管理措施，可以确保追踪数据的隐私性和安全性，为追踪技术的广泛应用提供坚实的安全保障。隐私保护和数据安全问题也日益凸显。未来追踪技术的发展需要更加注重隐私保护和数据安全，采用更加先进的技术手段和管理措施来保护用户的隐私和数据安全。追踪技术的未来发展趋势将会呈现出多样化和个性化的特点，同时需要更加注重技术的融合、应用创新以及隐私保护和数据安全等方面的问题。

第 7 章

风险管理与供应链弹性

在当今全球化和网络化日益加强的商业环境中，供应链的稳定性和弹性成为企业成功的关键因素。多元化的供应链也带来了更多的不确定性和风险。从自然灾害到市场需求波动和技术变革，各种外部因素都可能对企业的供应链造成冲击。因此，构建一个具有风险管理能力和弹性的供应链体系显得尤为重要。本章将深入探讨供应链风险管理的核心原则和实践方法，以及如何通过增强供应链弹性来应对潜在的风险和挑战。我们将一同探索如何识别、评估、监控和控制供应链中的各种风险，并分享一系列有效的风险管理工具和策略。

电子商务中的供应链风险

供应链风险是指由于供应链中的不确定性因素而导致的潜在威胁或损失，这些不确定性因素可能来源于供应链中的各个环节，如供应、生产、物流、销售等。为了有效管理供应链风险，企业需要采取一系列措施，如建立供应商评估体系、采用先进的物流管理系统、建立严格的财务审计体系、加强内部沟通等。企业还需要关注外部环境的变化，及时调整供应链策略，以应对潜在的风险。现阶段对于供应链风险的定义，比较典型的观点有两种：第一种观点认为，供应链风险是供应链企业由于各种无法预测的不确定因素的存在，使供应链企业有受损的可能性。它是对一个或多个供应链成员产生不利影响或破坏供应链运行，使其达不到预期目标甚至导致供应链失败的不确定性因素或意外事件。第二种观点认为，供应链风险是利用供应链系统的脆弱性对供应链系统造成破坏，给上下游企业以及整个供应链带来损失的潜在的威胁。把供应链风险定义为供应链的脆弱性，供应链风险因素的存在通常会降低供应链运行效率，增加成本，甚至导致供应链的破裂和失败。

一、供应链风险的特征

供应链风险也是风险的一种，具有风险所具有的普遍性和客观性的特征，但由于供应链的结构的独特性，供应链风险又有着与其他风险所不同的特征，为了更好地研究供应链风险，有必要弄清供应链风险的特征，供应链风险的特征主要有以下几点：供应链风险的传递性是供应链风险区别于其他组织风险的最显著的特征，由于供应链是由供应商、制造商、分销商、零售商、顾客等成员组成的，通过上下游企业之间的连接组成的网状结构，环环相扣，任何一环的波动都会影响到其他环节，所以供应链的风险也会通过供应链进行传递，例如企业采购出现了问题会传导至整个供应链，采购原材料不足会引发整个供应链的中断，风险蔓延至整个供应链。美国著名的供应链管理专家李效良对需求信息扭曲夸大的现象在整个供应链中的传递进行了深入的研究和探讨，提出了“需求变异加速放大原理”，也就是我们常说的“牛鞭效应”。他指出当供应链的某个节点企业在制定需求策略时只考虑与其相邻的下游企业的信息，这往往使得需求信息发生一些偏差，而导致错误的信息在供应链间传导，致使源头供应商得到的信息与客户的实际需求发生了很大的偏差的现象。“牛鞭效应”产生的原因就是供应链风险具有传递性。供应链风险具有复杂性和多样性。供应链从构建起时起就面临许多风险，风险可能来自供应链内部的运营，也有可能来自供应链外部市场的变动，还有可能来自企业自身运转的问题，供应链上成员众多，供应链运营面对的风险也是多种多样的。

当前我国的很多企业都在国际化的初期，像海尔、联想等企业都曾面临过很多供应链风险事件，供应链风险比一般的组织风险类型更多，涉及面更广，影响也更大，处理也更复杂。供应链风险具有此消彼长的特性。本书前面讲述了供应链风险的传递性，供应链风险的传递特性也导致了供应链风险的此消彼长性，顾名思义，就是指供应链风险中，一种风险减小会导致另一种风险的发生概率增加。举个例子，为了保证供应链的正常运转，同时降低单位采购成本，企业一般采用集中采购的形式，同时采购量较大，这会使供应链中断的风险减小，但同时会使供应链库存成本上升，也会导致企业资金链中断的风险加强。供应链风险的此消彼长性要求在供应链管理中从整体供应链的角度来考虑，要减少供应链整体风险，使得供应链效益最大化。供应链风险存在博弈性与合作性。供应链是由供应商、制造商、分销商、零售商、顾客等成员组成的，当面临风险时，供应链中的组织成员可以相互合作分摊风险以降低风险成本，也可以进行风险转嫁，以摆脱困境，但这样会导致整个供应链风险成本的上升。供应链中各成员企业作为独立的市场主体有各自不同的利益取向，相互之间因为信息不完全、不对称，又缺乏有效的监督机制，为了争夺系统资源，追求自身利益最大化而展开激烈博弈，相互之间又要考虑整体供应链效益，相互之间又会加强信息资源沟通合作，因此可以说供应链风险存在博弈性和合作性。

二、供应链风险的类型

（一）供应风险

供应风险是供应链管理中一个至关重要的方面，它主要涉及原材料或中间品供应短缺或中断的风险。这种风险可能对生产计划和销售活动产生严重影响，甚至可能导致整个供应链的瘫痪。供应风险可能由多种因素导致，生产商可能由于设备故障、人力资源不足或技术限制等原因，无法按时按量提供所需的原材料或中间品。如果生产出的产品不符合质量要求，就需要进行返工或报废，这将影响供应量并可能导致生产延误。生产商的财务问题可能导致其无法继续运营，从而影响原材料的供应。上游供应商的破产或倒闭将直接导致原材料或中间品的供应中断。上游供应商的产能不足或生产“瓶颈”也可能影响到下游企业的供应。如果供应商与生产商之间的合作关系不稳定，可能导致供应的不确定性和风险增加。自然灾害（如地震、洪水、台风等）可能导致生产设施受损，从而影响原材料的供应。政治动荡、战争或恐怖主义事件也可能导致供应链的破坏和供应中断。国际贸易摩擦、关税壁垒和出口限制等措施可能导致原材料的供应受到限制。汇率波动和货币政策变化也可能对原材料的采购成本产生影响。原材料或中间品供应短缺或中断的风险可能影响后续的生产与销售。供应风险可能由生产商自身问题或上游企业出现问题导致。

（二）需求风险

需求风险是供应链管理中一个不容忽视的方面，它涵盖市场需求波动、订单取消或减少、产品过时等多种风险。这些风险都可能对企业的运营产生负面影响，如库存积压、产能过剩或生产不足等。市场需求的变化往往难以预测，特别是在经济周期波动、消费者偏好变化或新技术出现时。企业如果无法准确预测市场需求，可能会导致生产过多或过少，进而影响库存水平和销售情况。一旦客户取消或减少订单，企业将面临生产计划调整、原材料重新调配以及可能的库存积压等问题。这不仅会增加企业的运营成本，还可能影响企业的声誉和客户关系。随着时间的推移，消费者可能对某些产品失去兴趣或需求转向新产品。企业如果未能及时识别这种趋势并调整生产策略，将导致库存积压和产能过剩。过时产品还可能占用企业资金，影响企业的资金流动性和盈利能力。需求风险确实是供应链管理中至关重要的一环，它直接关系到企业的库存、生产计划和盈利能力。

市场需求可能受到多种因素的影响，如经济周期、消费者偏好、季节性变化等。这种波动可能导致企业难以准确预测未来的销售情况，从而增加库存积压或生产不足的风险。客户可能会因为各种原因取消或减少订单，如需求变化、资金问题等。这会给企业的生产计划带来很大的不确定性，可能导致原材料浪费、生产线调整等成本增加。随着技术的进步和消费者偏好的变化，某些产品可能会迅速过时。企业如果未能及时识别这种趋势并调整生产策略，将导致库存积压和产能过剩。通过与客户建立紧密的合作关系，企业可以及时了解客户的需求变化，从而更准确地预测市场需求。与客户的定期沟通和协商也有助于企业及时调整生产计划，降低订单取消或减少的风险。通过深入的市场研究和分析，企业可以更好地了解市场需求和趋势，为生产计划和库存管理提供有力支持。例如，企业可以关注行业报告、市场调查等数据，以获取更全面的市场信息。企业应根据市场需求的变化灵活调整生产计划，避免生产过多或过少。例如，企业可以采用精益生产等先进的生产方式，提高生产效率和灵活性。面对突发的订单取消或减少等风险，企业应建立快速响应机制，及时调整生产计划和原材料采购，降低损失。企业可以引入风险管理工具，如供应链中断保险等，以应对因供应链中断而导致的损失。此外，企业还可以考虑采用多元化的供应商策略，以降低单一供应商带来的风险。

需求风险是供应链管理中不可忽视的一环。企业应通过建立紧密的客户合作关系、加强市场研究和分析、灵活调整生产计划、建立快速响应机制以及引入风险管理工具等措施来降低需求风险对企业运营的影响。

（三）物流风险

物流风险是指在物流过程中可能遇到的各种不确定因素，这些因素可能导致物流活动不能按计划顺利进行，从而影响企业的正常运营和客户的满意度。运输过程中可能遇到各种意外情况，如交通事故、货物损坏、延误等。这些风险可能导致企业无法按时交付货物，给客户带来不便，甚至导致企业面临法律责任。仓储过程中可能存在货物丢失、损坏、过期等问题。此外，仓库设施的安全性、防火防盗措施是否到位等也是仓储风险的重要方面。物流过程中涉及大量的信息传递和共享，如果信息系统出现故障或被黑客攻击，可能导致信息泄漏、数据丢失等问题，给企业带来损失。如地震、洪水、台风等自然灾害可能对物流设施造成破坏，影响物流活动的正常进行。物流活动涉及多个国家和地区的法律法规，企业需要遵守各种规定，否则可能面临罚款、法律纠纷等风险。供应商是物流活动的重要参与者，如果供应商出现问题，如交货延误、质量问题等，将直接影响物流活动的顺利进行。在产品的运输、仓储过程中可能出现损坏或延误的风险，这会影响生产或导致产品无法按时交付给客户。物流风险可能由天气、交通、海关等因素导致。

物流风险是物流过程中不可避免的一部分，涉及多个环节和因素，可能对企业的运营和客户的满意度产生重大影响。运输过程中可能遇到各种意外情况，如交通事故、货物损坏、延误等。这些风险可能导致企业无法按时交付货物，给客户带来不便，甚至导致企业面临法律责任。此外，选择合适的运输方式和路线、确保货物的安全包装和固定也是降低运输风险的重要措施。仓储过程中可能存在货物丢失、损坏、过期等问题。仓库设施的安全性、防火防盗措施是否到位等也是仓储风险的重要方面。企业应加强仓库管理，确保货物的安全和完整。物流过程中涉及大量的信息传递和共享，如果信息系统出现故障或被黑客攻击，可能导致信息泄漏、数据丢失等问题，给企业带来损失。企业应确保信息系统的稳定性和安全性，加强数据备份和恢复能力。

地震、洪水、台风等自然灾害可能对物流设施造成破坏，影响物流活动的正常进行。企业应制订应急预案，确保在自然灾害发生时能够迅速恢复物流活动。物流活动涉及多个国家和地区的法律法规，企业需要遵守各种规定，否则可能面临罚款、法律纠纷等风险。企业应加强法律合规意识，确保物流活动的合法性和合规性。供应商是物流活动的重要参与者，如果供应商出现问题，如交货延误、质量问题等，将直接影响物流活动的顺利进行。企业应建立稳定的供应链合作关系，确保供应商的稳定性和可靠性。企业应充分认识到物流风险的存在和重要性，加强风险管理意识，建立风险管理机制。企业应制订详细的风险管理计划，包括风险识别、评估、预防、控制和应对等方面。企业应建立物流风险监控体系，通过实时监控和数据分析，及时发现和应对风险。企业应加强员工的风险意识和应对能力培训，提高员工的风险管理水平。企业应制订应急预案，明确应对各种风险的具体措施和流程，确保在风险发生时能够迅速应对。

物流风险是物流过程中不可避免的一部分，但企业可以通过加强风险管理意识、制订风险管理计划、建立风险监控体系、加强员工培训和建立应急预案等措施来降低物流风险对企业运营和客户满意度的影响。

三、供应链风险管理视角下供应商选择影响因素分析

随着经济全球化，供应链网络结构越发复杂，呈现出四大特征：复杂性、交叉性、动态性、服务性。根据供应链的特征，供应商的选择需要考虑的因素必然是贯穿供应链整个系统的，选择供应商仍为供应链风险管理核心环节。

在现代的供应链中，供应商的选择富有挑战性，被视为供应链网络中断情况下外部风险的主要来源。为降低企业因为供应链失效风险带来的损失，企业在对供应商评选时就必须考虑供应商应对风险事件的能力，即弹性，做到防止供应链发生中断的风险。基于已有供应链风险的研究，将视角延伸至供应商的评选。从时间线上将其划分成三个阶段：风险事件发生前供应商应具备的预测能力，风险事件发生时供应商的适应能力以及风险事件发生后供应商的恢复能力。

供应商的预测能力是指供应商在面对复杂环境发生变化时，能够对风险的发生做出预测。预测能力隶属于供应链柔性的同时，也是影响供应链弹性的因素，是供应链弹性和供应链柔性共有的属性。本书为了使因素之间的界限划分清晰，将供应链弹性与柔性中共有的预测性提取出来，对其进行分析和研究。供应商的预测能力是提高供应链弹性的重要因素，雅戈尔曾被誉为中国服装行业的“大象”，有着亚洲最大的服装生产基地，从初始面料到成衣制造再到销售环节都投入了巨大的资金，构造了一条规模型的垂直供应链，其衬衫的市场占有率连续九年超过 10%，稳坐第一名的宝座。然而规模巨大的雅戈尔，利润空间却十分有限，生产的速度远远追不上市场变化的速度，因此造成了大量的库存积压，以至于将产品都折价出售。从雅戈尔的例子中我们可以看到，即便一家企业所拥有的材料、销售、制造在其所在行业中都远远领先于其他企业，但是只要存在预测能力不足的弊端，在市场上获得长足的发展就会变得十分困难。考察供应商的预测能力的核心为供应商能否对变幻莫测的市场做出预测以及及时响应，以达到供应链物流、资金流、信息流等方面的高效顺畅流通。影响供应商预测能力的因素大致可分为供应商信息系统的完善程度、需求预测、快速的反应机制三个方面。供应商的适应能力指的是供应商在破坏性事件发生以后的包容程度，从系统的角度出发，则将其看作即使外界的系统参数发生了变化，仍旧能让系统保持正常运行的能力。可见供应商的适应能力是十分重要的。影响供应商适应能力的因素主要有基础设施、企业规模、可持续管理能力三个方面。恢复能力指的是在中断事件发生以后，破坏已经产生，供应商能够快速恢复到正常的供应水平或者达到更高供应水平的能力。中断事件的发生会导致企业面临生产运营中断的危机，在生产中断的情况发生以后，企业在遭受经济损失的同时甚至可能会因此而退出某一业务领域，那么为了把损失降到最低就必须在最短的时间内恢复生产结束中断。

在供应链风险管理的视角下，供应商选择是一个至关重要的决策过程，它直接影响着企业的运营稳定性、成本效益以及市场竞争力。企业在选择供应商时应综合考虑质量可靠性、交货能力、成本控制、技术创新能力、风险管理能力以及企业信誉和合作关系等因素，以确保供应链的稳定性和企业的长期竞争力。

四、风险评估与预警机制

（一）风险评估与预警机制在风险管理中的作用

风险评估是量化测评某一事件或事物带来的影响或损失的可能程度。风险评估需要明确评估的对象、目标和范围。对评估范围内的所有资产进行识别，并调查资产破坏后可能造成的损失大小，根据危害和损失的大小对资产进行相对赋值。分析资产所面临的每种威胁发生的频率，威胁包括环境因素和人为因素。从管理和技术两个方面发现和识别脆弱性，根据被威胁利用时对资产造成的损害进行赋值。通过分析上述测试数据，进行风险值计算，识别和确认高风险，并针对存在的安全风险提出整改建议。预警机制是由能灵敏、准确地昭示风险前兆，并能及时提供警示的机构、制度、网络、举措等构成的预警系统。其作用在于超前反馈、及时布置、防患于未然，确保信息安全。

预警机制与风险评估的关系在于，风险评估为预警机制提供了依据，而预警机制则是对风险评估结果的及时响应和应对。风险评估对评估范围内的所有资产进行识别，并调查资产破坏后可能造成的损失大小。根据危害和损失的大小，对资产进行相对赋值，这有助于企业明确哪些资产是关键的，需要更多地保护。分析资产所面临的每种威胁发生的频率，这些威胁可能包括环境因素（如自然灾害）和人为因素（如恶意攻击）。了解威胁的性质和频率有助于企业制定针对性的防御措施。从管理和技术两个方面发现和识别脆弱性，这些脆弱性可能被威胁所利用，对资产造成损害。根据被威胁利用时对资产造成的损害，对脆弱性进行赋值，这有助于企业识别并优先处理最严重的风险。通过分析测试数据，进行风险值计算，从而识别和确认高风险。针对存在的安全风险，提出整改建议，包括修复脆弱性、减少威胁或增强资产的安全性等。预警机制在风险管理中同样扮演着重要角色。它是一个由机构、制度、网络、举措等构成的预警系统，能够灵敏、准确地昭示风险前兆，并及时提供警示。预警机制的作用在于超前反馈、及时布置，从而防止风险事件的发生或减轻其影响。预警机制与风险评估的关系非常密切。风险评估为预警机制提供了依据，它通过分析资产、威胁和脆弱性，识别出潜在的风险和可能的损失，为预警机制设定了触发条件和阈值。而预警机制则是对风险评估结果的及时响应和应对，一旦检测到可能的风险事件或前兆，就会立即触发预警，并采取相应的措施来防止或减轻风险的影响。风险评估和预警机制是风险管理中不可或缺的组成部分，它们相互补充、相互作用，共同构成了企业风险管理的有效防线。

（二）风险评估与预警机制的关系

风险评估是风险管理的第一步，其作用是明确风险的范围和程度。通过对潜在风险进行系统的识别、分析和评价，风险评估能够为组织或项目提供全面的风险信息，包括风险的来源、可能性和影响等。这些信息为预警机制提供了基础，使预警机制能够针对具体的风险进行设定和触发。风险评估明确了风险的范围和程度，为预警机制提供了基础。通过风险评估，可以了解组织或项目面临的主要风险和潜在影响，为预警机制提供明确的风险信息。预警机制对风险评估结果进行及时响应和应对。当风险发生时，预警机制能够迅速发出警报，通知相关人员采取相应的措施进行应对，从而最大限度地减少风险带来的损失。风险评估与预警机制相辅相成，共同提高风险管理水平。通过不断地进行风险评估和预警机制的完善，组织或项目可以不断发现新的风险点并采取相应的措施进行应对，从而提高组织或项目的风险管理水平。

预警机制则是风险评估结果的直接应用。当风险事件或前兆被检测到时，预警机制能够迅速作出反应，通过发出警报、通知相关人员等方式，及时启动应对程序。预警机制的及时性、准确性和有效性直接决定了风险应对的效果，从而影响着组织或项目的稳健发展。

风险评估与预警机制在风险管理中是相互关联、相互依存的。它们共同构成了风险管理的基础和核心，为组织或项目的稳健发展提供有力保障。在实际操作中，组织或项目应该根据自身的特点和需求，建立完善的风险评估和预警机制，并不断优化和改进这些机制，以提高风险管理的水平和效果。通过深入探讨电子商务产业的供应链结构优化和风险管理，本书提出了一系列实用的方法和技术应用，以帮助电子商务企业。风险评估与预警机制在风险管理中确实存在密不可分的关系，它们是相互关联、相互依存的。风险评估与预警机制相辅相成，共同提高风险管理水平。风险评估为预警机制提供了基础，而预警机制则是对风险评估结果的及时响应和应对。在实际操作中，组织或项目应该根据自身的特点和需求，建立完善的风险评估和预警机制，并不断优化和改进这些机制。通过对风险评估和预警机制的持续优化，组织或项目可以不断发现新的风险点并采取相应的措施进行应对，从而提高风险管理的水平和效果。

在电子商务产业的供应链结构优化和风险管理中，风险评估与预警机制的应用尤为重要。通过对供应链中各个环节的风险进行系统的评估和预警，可以帮助电子商务企业及时发现并应对潜在的风险，保障供应链的稳定性和可靠性。同时，风险评估与预警机制也可以为电子商务企业提供决策支持，帮助企业制定更加合理和有效的风险管理策略。风险评估与预警机制在风险管理中具有不可替代的作用。它们共同构成了风险管理的基础和核心，为组织或项目的稳健发展提供有力保障。在未来的研究中，我们应该进一步深入探讨风险评估与预警机制在各个领域的应用和发展，以推动风险管理水平的不断提高，实现更高效、更安全的运营，也为相关领域的未来研究提供了有价值的参考。

五、电子商务供应链风险识别与评估

在电子商务领域中，供应链风险管理是确保业务连续性和稳定性的重要组成部分。企业需要通过风险识别来了解可能出现的问题和威胁。电子商务供应链风险识别涉及识别可能影响供应链效率和效果的潜在风险。这些风险包括供应中断、库存过多或不足、交货延误、信息安全威胁、质量问题，以及与供应商和物流合作伙伴的风险。企业对这些风险的识别是通过对历史数据、市场报告的分析和实时监控来实现的。识别到的风险可以为后续的风险评估和管理提供基础。

风险评估与量化是为了了解识别到的风险可能对业务产生多大的影响以及发生的可能性有多大。风险评估通常包括风险的影响分析和可能性评估。影响分析是通过评估如果风险发生，可能会对供应链和业务造成多大损失来进行的。可能性评估则是评估这些风险发生的概率。风险量化是通过数据分析和统计模型来实现的，例如通过历史数据来评估供应中断的可能性，或通过模拟模型来评估库存不足的风险。风险评估和量化可以帮助企业了解风险的大小和紧急程度，从而为风险防控和应对提供支持。

通过电子商务供应链风险识别，企业能够识别出潜在的风险点，而通过风险评估与量化，企业能够了解风险的严重程度和可能的影响。这两个步骤为企业提供了有价值的信息，以便于在风险管理中作出更明智的决策。在电子商务快速变化的环境中，有效的风险识别和评估是确保供应链稳定和可靠运作的关键。在电子商务的背景下，风险防控与应对策略是确保供应链持续、稳定和安全运作的关键要素。基于前两步的风险识别和评估，企业需要制定相应的风险防控和应对策略来降低潜在风险的影响，并增强供应链的抵御风险能力。风险预防是最基本也是最重要的防控手段。企业可以通过实施严格的质量控制、加强供应商和物流合作伙伴管理，以及优化库存和配送策略来降低风险的发生概率。例如，通过加强与供应商的合作和沟通，企业可以降低供应中断的风险；通过实施先进的库存管理系统和方法，企业可以降低库存过多或不足的风险。

风险的应急响应也是非常重要的应对策略。一旦风险发生，企业需要能够快速、有效地应对，以降低风险的影响。这包括备用供应商计划、应急物流和配送解决方案，以及危机管理和通信计划。例如，通过建立备用供应商网络，企业可以在主要供应商出现问题时，快速转向备用供应商，以确保供应的连续性。技术的应用也是风险防控和应对的重要手段。通过利用大数据、人工智能和区块链等技术，企业可以实时监控和分析供应链的运营情况，及时发现和预警潜在风险，也可以提高风险应对的效率和效果。例如，通过实时数据分析，企业可以及时发现物流和配送中的问题，并通过智能优化算法，实时调整物流和配送计划，以降低延迟和成本。企业通过分析供应链的所有环节，识别可能出现的风险，如供应中断、质量问题、物流延误等，并制作风险清单。针对每个识别的风险，评估它们可能对供应链和整体业务造成的影响程度和损失。设计针对性的预防措施以降低风险的发生概率，以及制订应急响应计划以减轻风险事件的影响。利用现代信息技术，如物联网和大数据分析，实时监控供应链的各个环节，以确保运作正常，通过实时监控，及时发现可能的问题和风险，以便企业可以迅速做出反应。通过严格的供应商评估和审核，选择具有良好信誉和稳定供货能力的供应商。建立严格的质量控制体系，确保供应链中的产品质量符合标准。通过精确的需求预测和库存优化技术，保持适当的库存水平并优化配送策略。根据不同类型的风险事件，制定具体的应急响应步骤和程序。确保在应急响应计划中包括所有必要的资源和联系信息，以便在风险事件发生时可以快速行动。通过模拟风险事件，测试应急响应计划的有效性，并根据测试结果进行调整和优化。通过培训和指导，确保所有相关员工都理解风险管理计划，并知道在不同类型的风险事件发生时应采取何种措施。提供充分的培训和资源，以确保员工在面对风险时能够按照计划采取行动。确保风险管理计划仍然有效，并能够应对当前的风险环境。根据市场和业务环境的变化，更新风险列表和应对策略，以确保风险管理计划始终保持更新。

通过以上各个方法和步骤，企业能够创建和维护一个有效的风险防控与应对策略，以保护其供应链免受潜在风险的影响。这不仅可以降低运营成本，还可以提高客户满意度和企业的市场竞争力。

构建弹性供应链的策略

弹性供应链（Resilient Supply Chain）是指供应链在部分失效时，仍能保持连续供应且快速恢复到正常供应状态的能力。这种能力在当前全球化和不确定性增加的环境中越来越重要，对于企业来说，是提高竞争力和适应市场需求的关键。供应链弹性的概念源于弹性，生态学研究中最早注意到系统具有两个不同特性：弹性和稳定性，弹性决定了系统吸收变化的程度；稳定性是系统在受到暂时干扰后恢复到平衡状态的能力。后续国内外学者关于其具体定义有所出入，但较为广泛认可的定义是：供应链系统在面对不同程度风险时，对潜在风险做出反应，使供应链恢复到原始状态或迁移到更佳状态的能力。供应链韧性有时容易与供应链弹性概念混淆，韧性注重供应链发生变化后仍不被破坏，而弹性可以接受供应链的中断，这是二者最本质的区别。

构建弹性供应链的策略与方法主要涉及一系列旨在提高供应链适应性和韧性的措施。例如，与多个供应商建立合作关系，确保在某一供应商出现问题时，其他供应商能够迅速填补空缺，保持供应链的连续性。

一、增加冗余

通过增加库存、生产能力等方面的冗余，提高供应链的抗风险能力。这种策略可以在供应链受到冲击时，提供足够的缓冲时间，使得供应链能够迅速恢复到正常状态。在供应链管理中，增加冗余是一种常见的风险管理策略，它通过在关键领域或环节中增加额外的资源或能力，以提高供应链的韧性和抗风险能力。这种策略可以在供应链受到外部冲击或内部波动时，提供足够的缓冲时间和资源，帮助供应链迅速恢复到正常状态。提高库存水平，特别是在关键物料或产品的库存上。这样，即使供应商出现延迟或中断，企业也能依靠库存来满足客户需求，避免生产中断。这也需要权衡库存成本和市场风险，确保库存水平在合理范围内。在设备、人员或生产线上保持一定的冗余能力。这允许企业在需求突然增加或生产设备发生故障时，能够迅速调整生产计划，保持生产连续性。与多个供应商建立合作关系，确保在主要供应商出现问题时，可以从其他供应商处获得所需物料或服务。这种多元化供应商策略可以降低单一供应商风险。在物流网络中建立多个配送中心或仓库，以便在运输通道受阻或物流设施发生故障时，能够迅速调整物流路径，确保产品能够按时到达客户手中。虽然增加冗余可以提高供应链的抗风险能力，但也需要考虑到成本和效率的问题。过多的冗余可能导致资源浪费和成本增加，而冗余不足则可能使供应链在面对风险时显得脆弱。企业需要根据自身的实际情况和风险评估结果，制定合适的冗余策略，在风险控制和成本效益之间找到平衡。企业还需要加强供应链的监控和预警能力，及时发现和应对潜在的风险，确保供应链的稳定运行。

二、提高柔性

采用混合柔性及库存冗余措施，增强供应链的适应性和灵活性。柔性是指供应链能够灵活应对市场环境和条件的变化，以满足顾客需求。通过提高柔性，供应链可以更好地适应外部环境和需求的变化，降低风险。在供应链管理中，提高供应链的柔性是确保企业能够灵活应对市场环境和条件变化，以满足顾客需求的关键策略。柔性供应链能够迅速调整其运作方式，以适应不可预见的市场波动、需求变化或供应中断。企业应设计灵活的生产流程，使其能够迅速适应产品变更或产量的增减。采用模块化生产，使得不同产品可以在同一生产线上进行生产，提高生产线的灵活性和效率。开发多功能产品或定制化产品，以满足不同顾客群体的需求。引入产品平台策略，使得新产品能够快速开发并推向市场。与多个供应商建立合作关系，确保在主要供应商出现问题时，可以快速切换到其他供应商。建立多元化的供应商网络，降低对单一供应商的依赖。实施灵活的库存策略，如安全库存、动态库存调整等，以应对市场需求的不确定性。通过库存冗余来提供缓冲时间，确保在供应中断时仍能满足顾客需求。利用先进的信息技术，如大数据、人工智能、物联网等，实时监控供应链状态，预测市场变化，并做出快速响应。建立灵活的信息系统架构，使其能够迅速适应新的业务需求和技术变化。培养跨部门的协作能力，加强内部沟通，以便在需要时能够快速调整组织结构和资源分配。鼓励员工提出创新性的解决方案，以应对市场变化和挑战。制定多种供应链策略，以适应不同的市场环境和条件。定期评估供应链策略的有效性，并根据市场变化进行调整。通过实施这些措施，企业可以构建一个更加灵活和适应性强的供应链，以应对不断变化的市场环境和顾客需求。这不仅可以降低供应链风险，还可以提高顾客满意度和企业的竞争力。

三、改变公司文化

打造风险型企业文化，增强员工的风险意识和应对能力。这种文化可以促使员工更加关注供应链的风险和变化，从而更好地应对各种挑战。在供应链管理中，公司文化对于增强员工的风险意识和应对能力至关重要。打造一个风险型的企业文化，可以促使员工更加关注供应链中的风险和变化，从而更加积极地应对各种挑战。企业应将风险管理纳入公司的核心价值观，使其成为企业文化的一部分。在公司会议、培训和内部沟通中频繁提及风险管理，让员工意识到其重要性。通过定期的风险评估和培训，提高员工对供应链风险的认知和了解。鼓励员工在日常工作中主动识别和报告潜在风险。提供应对风险的相关培训，如危机管理、应急计划制订等，以增强员工的应对能力。设立模拟演练，让员工在模拟场景中学习和掌握应对风险的方法。鼓励跨部门合作，共同应对供应链风险。通过团队合作，员工可以学习不同部门的经验和知识，提高整体应对能力。设立风险共担机制，让员工在参与风险管理的过程中感受到责任感和使命感。对于在风险管理中表现突出的员工给予奖励和认可，激励更多员工积极参与风险管理。将风险管理纳入员工绩效考核体系，使其与员工的职业发展紧密关联。鼓励员工积极提出应对供应链风险的看法和建议，营造开放、透明的沟通氛围。定期收集员工对供应链风险的反馈，及时调整和完善风险管理策略。鼓励员工在风险管理中发挥创新思维，寻找新的解决方案和方法。设立创新奖励机制，激励员工积极尝试新的风险管理方法和工具。通过改变公司文化来应对供应链风险是一个长期且持续的过程。企业需要从上至下、从内至外地推动这种改变，让员工真正意识到风险管理的重要性，并积极参与其中。这样，企业才能构建一个更加稳健、灵活的供应链，以应对不断变化的市场环境和挑战。

四、加强节点企业间的合作以应对供应链风险

在供应链管理中，节点企业间的紧密合作对于共同应对供应链风险至关重要。加强节点企业间的沟通和合作，可以实现资源和信息的有效共享，从而增强整个供应链的适应性和韧性。加强节点企业间的沟通和合作，共同应对供应链风险。这种合作可以使得供应链中的各个节点企业能够更好地协调资源和信息，共同应对外部环境和需求的变化。搭建信息共享平台，使得供应链中的各个节点企业可以实时共享库存、订单、生产进度等关键信息。鼓励企业之间交换市场情报和预测数据，以便更好地预测需求变化和供应中断的风险。定期组织供应链合作伙伴会议，共同讨论和解决供应链中的问题和挑战。建立快速响应机制，当某个节点企业面临困难时，其他企业能够及时提供支持和帮助。鼓励供应链合作伙伴共同识别和分析潜在风险，并制定相应的风险管理策略。设立风险管理小组或委员会，负责协调和监督整个供应链的风险管理工作。

通过评估和调整供应链网络结构，各个节点企业之间的物流和信息流更加顺畅和高效。鼓励企业之间建立多元化的供应和分销渠道，以降低对单一路径的依赖。鼓励供应链合作伙伴之间建立长期稳定的合作关系，以加强彼此之间的信任和合作意愿。通过签订合同或协议来明确双方的权益和责任，确保合作的稳定性和可持续性。鼓励供应链合作伙伴共同投资新技术、新设备或新工艺的研发，以提高整个供应链的竞争力。共享研发成果和知识产权，实现供应链中技术和知识的有效转移和利用。为供应链合作伙伴提供风险管理方面的培训和教育，增强他们应对风险的意识和能力。定期组织风险管理经验分享会或研讨会，促进供应链合作伙伴之间的学习和交流。通过加强节点企业间的合作，供应链中的各个节点企业可以形成紧密的合作关系，共同应对外部环境和需求的变化。这种合作不仅可以提高整个供应链的适应性和韧性，还可以降低供应链中的风险和不确定性。

五、创建快速响应网络

打造能够迅速响应状态变化的网络，提高供应链的反应速度。这种网络可以使得供应链在受到冲击时，能够迅速识别问题、采取行动并恢复到正常

状态。要创建一个能够快速响应状态变化的网络，以提高供应链的反应速度，设计一个具备弹性的供应链网络，包括多元化的供应商和物流渠道，以减少单点故障的风险。

企业应定期进行供应链风险评估，识别潜在的威胁和机会，并制定相应的应对策略。这包括采用物联网（IoT）技术，实时监控供应链中的关键节点和流程，收集实时数据。利用大数据和人工智能（AI）进行数据分析，预测供应链中的潜在问题，并提前采取措施。引入云计算技术，实现供应链信息的快速共享和协同处理。实施精益库存管理，减少库存积压，提高库存周转率。采用实时库存管理系统，确保库存数据的准确性和实时性。通过预测分析优化库存水平，确保在需求波动时能够及时响应。建立长期稳定的供应商关系，确保供应链的稳定性和可靠性。对供应商进行定期评估，确保他们的绩效符合供应链要求。与供应商建立信息共享机制，实现供应链的协同管理。制定应急预案，确保在供应链受到冲击时能够迅速响应。

企业应设立专门的应急响应团队，负责在紧急情况下协调资源、解决问题。定期进行应急演练，提高应急响应的效率和准确性。优化物流路径和运输方式，减少运输时间和成本。引入智能物流技术，如自动化仓储、无人驾驶运输等，提高物流效率。

企业应加强与物流公司的合作，确保物流服务的可靠性和稳定性。对员工进行供应链管理和应急响应培训，提高他们的专业素养和应对能力。鼓励员工提出改进供应链的建议和意见，激发员工的创新精神和团队合作精神。定期对供应链进行评估和审计，识别存在的问题和瓶颈。制定改进措施并付诸实施，不断提高供应链的效率和响应速度。引入新的技术和方法，保持供应链的竞争力和创新力。

通过以上措施的实施，企业可以打造一个能够快速响应状态变化的网络，提高供应链的反应速度，确保供应链在受到冲击时能够迅速识别问题、采取行动并恢复到正常状态。

第 8 章

电子商务中的供应链协作

合作伙伴关系管理

合作伙伴关系管理是一个至关重要的环节。供应链合作伙伴关系（Supply Chain Partnership，SCP）是指供应链内部两个或两个以上独立的成员之间形成的一种协调关系，旨在共同实现某个特定的目标或效益。这种关系的建立和管理，对于提高供应链的整体效率、降低成本、增强竞争力具有重要意义。

一、合作伙伴关系的选择与建立

在电子商务环境中，合作伙伴关系的选择与建立是供应链协作中至关重要的一环。

（一）选择合作伙伴

选择合作伙伴是一个复杂且重要的过程，它对于企业的长期发展和成功至关重要。明确自身的业务需求和目标，这将决定所需合作伙伴的类型和规模。通过市场调查、行业报告、行业协会等途径，识别潜在的合作伙伴。对潜在合作伙伴进行初步评估，包括其业务范围、市场地位、财务状况、技术能力、服务水平等方面。对初步筛选出的潜在合作伙伴进行深入的调研和评估，包括实地考察、与对方高层或关键人物进行交流等。评估潜在合作伙伴的信誉度、可靠性、合作意愿、协同能力等方面。选择那些与自身业务具有互补性的合作伙伴，以实现资源共享、优势互补和协同发展。对潜在合作伙伴进行风险评估，包括其财务状况的稳定性、业务发展的可持续性、市场变化的适应性等方面。深入了解企业的战略发展方向、核心竞争优势和当前面临的挑战。明确需要合作伙伴提供的资源、技术或服务，以及合作的具体目标和期望成果。通过市场调查、行业报告、行业协会等途径收集信息，了解行业内的主要企业和潜在合作伙伴。利用社交媒体、专业论坛、展会等渠道拓宽信息来源，发现潜在的合作伙伴。评估潜在合作伙伴的业务范围、市场地位、财务状况、技术能力和服务水平。检查其产品或服务是否与企业的业务需求相匹配，是否具有足够的竞争力。对初步筛选出的潜在合作伙伴进行深入的调研和评估。进行实地考察，了解合作伙伴的实际运营情况、生产能力和技术水平。与对方的高层或关键人物进行交流，了解他们的合作意愿、经营理念和企业文化。评估潜在合作伙伴的信誉度、可靠性和协同能力，了解他们与其他企业的合作经验。选择与自身业务具有互补性的合作伙伴，以实现资源共享、优势互补和协同发展。考虑合作伙伴能否在业务、技术、市场等方面提供有价值的支持，共同开拓新的市场或业务领域。对潜在合作伙伴进行风险评估，包括财务状况的稳定性、业务发展的可持续性、市场变化的适应性等方面。了解合作伙伴的历史业绩、行业声誉和潜在的法律风险。评估合作过程中可能出现的风险和挑战，并制定相应的应对措施。在确定合作伙伴后，制定详细的合作协议，明确双方的权利、义务和合作方式。确保合作协议具有法律约束力，并明确解决争议的方式和途径。在合作协议签署后，与合作伙伴建立正式的合作关系。制订合作计划，明确合作的具体内容和时间表。加强与合作伙伴的沟通和协调，确保合作的顺利进行。在合作过程中，定期对合作伙伴进行评估，了解合作的进展和效果。根据评估结果，及时调整合作策略，确保合作的持续性和稳定性。如果发现合作伙伴存在问题或无法达到预期的合作效果，就要及时采取应对措施或寻找其他合适的合作伙伴。

（二）建立合作伙伴关系

在双方达成合作意向后，制定详细的合作协议，明确双方的权利、义务、责任、利益分配等关键事项。确保合作协议具有法律约束力，以保护双方的利益。建立有效的沟通机制，确保双方能够及时、准确地分享信息、解决问题和协调行动。可以采用定期会议、电话沟通、电子邮件等方式进行沟通。双方应共同制定合作目标，并确保这些目标与各自的业务战略相一致。通过共同制定目标，可以增强双方的合作意愿和责任感。在合作过程中，双方应实现信息共享，包括库存、销售、生产等关键信息。信息共享有助于双方更好地了解彼此的需求和状况，从而作出更准确的决策。在合作过程中，双方应共同参与决策过程，以实现更高效的供应链运作。通过协同决策，可以更好地整合双方的资源和能力，实现共同的目标。在合作过程中，双方应共同承担风险。双方通过共同识别、评估和处理供应链中的风险，可以确保供应链的稳定性和可靠性。在合作过程中，双方应定期进行绩效评估，以发现存在的问题和不足，并制定相应的改进措施。通过持续改进和优化，双方可以提高合作效率和效果，进一步巩固和深化合作伙伴关系。

在电子商务环境中，合作伙伴关系的选择与建立是一个复杂而关键的过程。通过明确需求与目标、评估潜在合作伙伴、深入调研与评估、考虑互补性、制定合作协议、建立沟通机制、共同制定目标、实现信息共享、协同决策、风险共担以及持续改进与优化等步骤和考虑因素，合作双方可以建立起稳定、高效、可靠的合作伙伴关系，从而推动供应链协作的顺利进行。

（三）合作伙伴关系的维护

在合作过程中，双方应相互尊重、理解和支持。这有助于建立和维护良好的合作关系。当合作过程中出现问题时，双方应积极寻求解决办法并尽快解决。这有助于避免问题扩大化并维护合作的顺利进行。双方应定期评估合作的进展和效果，并根据评估结果进行持续改进。这有助于提高合作的效率和质量，并推动业务的发展和创新。供应链系统运行业绩的好坏主要取决于合作伙伴关系是否和谐，只有和谐而稳定的关系才能发挥最佳效能，因此其核心问题是如何维护合作伙伴关系。

可以通过以下措施来维护供应链合作伙伴关系：一是发挥好主导企业的作用；二是注重自身实力及核心竞争力的培育；三是解决企业文化差异问题；四是树立全局观念；五是解决信息共享问题；六是采取激励措施；七是树立供应链信心。建立和维持合作伙伴关系，包括增强彼此间的合作关系或者解除与某些企业的合作关系。供应链合作伙伴关系始终处于动态变化之中，他们以信息作为载体进行沟通，信息沟通的顺畅性是合作成功运行的保证。加强信息的交流与共享，可以优化维护供应链合作伙伴关系。供应链合作伙伴应建立信息交流与知识共享机制。信息交流和知识共享有助于减少投机行为，有助于促进重要生产信息的自由流动。为加强供应商与制造商的信息交流，供应商与制造商之间经常进行有关成本、作业计划、质量控制信息的交流与沟通，保持信息的一致性和准确性；实施并行工程。要保持长期的双赢关系，没有有效的激励机制就不可能维持良好的供应关系。在激励机制的设计上，要体现公平、一致的原则。给予供应商价格折扣和柔性合同，以及采用赠送股权等方式，使供应商和制造商分享成功，同时使供应商从合作中体会到双赢制的好处。从维护与改善两个角度来探讨如何加强企业间的合作关系：健全信任机制，巩固合作基础；健全信息沟通渠道，消除合作障碍；健全激励机制提高合作积极性。

（四）供应链合作伙伴关系研究的新方向

我们可以弥补现有研究的不足，对供应链合作伙伴关系需求及其可行性分析这一方向进行研究。现有文献很少对企业是否需要建立供应链合作伙伴关系以及能否建立这种合作伙伴关系进行详细的分析，但这也是我们在构建供应链合作伙伴关系前又不得不思考的基本问题。我们可以就如何正式建立供应链合作伙伴关系这一研究主题进行探讨。例如，建立什么模式的供应链合作伙伴关系，本企业处于供应链的哪部分，以及当前抓的重点是什么，都要进行详细地分析，这样才能解决问题。在确定了建立供应链合作伙伴关系的必要性和可行性之后，接下来的研究需要关注如何正式建立这种关系。这包括确定供应链合作伙伴关系的模式（如长期合同、战略联盟等），以及企业在供应链中的定位（如核心企业、供应商、分销商等）。

随着可持续发展理论的深化和网络技术的普及，供应链管理正在向着绿色化、全球化、信息化的方向发展。这也为供应链合作伙伴关系的研究提供了新的方向。绿色化供应链管理强调在供应链中减少环境污染和资源浪费，实现可持续发展。研究可以关注如何在供应链合作伙伴关系中引入绿色理念，推动供应链向绿色化方向发展。全球化供应链管理要求企业在全球范围内寻找合作伙伴，实现资源的优化配置。研究可以探讨如何在全球范围内建立和维护供应链合作伙伴关系，提高供应链的全球竞争力。信息化供应链管理则强调利用信息技术提高供应链的效率和透明度。研究可以关注如何利用信息技术加强供应链合作伙伴之间的沟通和协作，提高供应链的响应速度和灵活性。

供应链合作伙伴关系研究的新方向涵盖需求与可行性分析、建立策略以及绿色化、全球化、信息化的供应链管理等多个方面。这些研究方向将有助于我们更深入地理解供应链合作伙伴关系的本质和规律，为企业建立和维护有效的供应链合作伙伴关系提供理论支持和实践指导。随着可持续发展理论的深化及网络技术的普及，供应链管理正在向着绿色化、全球化、信息化的方向发展，而这也应成为供应链合作伙伴关系未来几年的研究方向及热点课题。

二、合作伙伴关系管理的关键

（一）建立信任

信任是供应链合作伙伴关系的基础。通过持续的沟通、互相尊重、遵守承诺等方式，双方可以建立起深厚的信任关系。这种信任关系有助于双方更好地协作，共同应对市场变化和挑战。在合作伙伴关系管理中，建立信任是至关重要的。信任不仅是供应链合作伙伴关系的基础，还是推动双方合作顺利进行的关键因素。双方应定期召开会议，讨论业务进展、问题、机会以及未来的发展方向。保持开放和透明的沟通渠道，使双方都能及时了解对方的需求和关切。通过沟通分享成功和失败的经验，促进彼此间的相互理解和支持。尊重对方的业务决策、企业文化和价值观。在合作中遵循公平、公正、诚实和透明的原则。尊重对方的努力和贡献，认可对方的成果和价值。在合作协议中明确双方的承诺和责任，确保双方都能履行自己的义务。在合作过程中，遵守承诺，不轻易改变或违背之前的约定。如果遇到无法履行承诺的情况，双方应及时与对方沟通并寻求解决方案。当合作中出现问题时，双方应共同面对和解决，而不是相互指责或推卸责任。通过集思广益、共同探讨解决方案，增进双方的合作和信任。双方应将合作伙伴关系视为长期稳定的合作关系，而非短期的利益交换。在合作中注重长期价值的创造和积累，共同追求长期稳定的收益。在合适的范围内，与合作伙伴共享业务信息、市场情报和资源，提高合作效率。通过共享信息和资源，增进彼此的了解和信任，实现合作共赢。在企业内部倡导和培育信任文化，使员工充分认识到信任在合作伙伴关系中的重要性。通过制度建设和教育培训等方式，不断提升员工对信任的理解和认知水平。

通过以上几个方面的努力，双方可以逐步建立起深厚的信任关系，为供应链合作伙伴关系的长期稳定发展奠定坚实的基础。这种信任关系也有助于双方更好地协作，共同应对市场变化和挑战，实现共赢发展。

（二）明确合作目标

在建立合作伙伴关系之前，双方应明确合作的目标和愿景。这有助于确保双方在合作过程中始终保持一致的方向，一同追求共同的目标。明确的目标为合作伙伴关系提供了明确的指引，确保双方在合作过程中不偏离共同的方向。共同的目标能够激发双方的积极性和动力，促进彼此之间的协作和投入。明确的目标有助于双方定期评估合作的进展和效果，及时发现问题并进行调整。在合作开始之前，双方应就合作的目标和愿景进行初步的讨论和交流，确保双方对合作的方向和目的有共同的理解。基于初步讨论的结果，双方应共同明确合作的具体目标。这些目标应具有可衡量性和可达成性，以便在合作过程中进行监控和评估。明确目标后，双方应就这些目标达成共识，确保双方对合作的目标和期望有清晰的认识。为实现合作目标，双方应共同制订详细的合作计划，包括时间表、资源分配、任务分配等。这有助于确保双方能够按照计划有序地推进合作。在合作过程中，双方应定期评估合作的进展和效果，确保合作始终朝着既定的目标前进。如果发现问题或偏差，双方应及时进行调整和改进。为实现合作目标，双方应保持密切的沟通和交流。这有助于及时解决问题、分享经验和信息，促进双方之间的信任和合作。

通过明确合作目标并制定相应的实施步骤，双方可以建立起更加稳固和有效的合作伙伴关系。这种关系不仅有助于实现共同的目标和愿景，还能促进双方之间的长期合作和发展。

（三）制定合作协议

为了确保合作的顺利进行，双方应制定详细的合作协议。合作协议是双方合作的法律基础，它明确了双方的权利、义务、责任、利益分配等关键事项，为合作的稳定性和可持续性提供了保障。合作协议应包含双方的基本信息，如公司名称、地址、联系方式等，以确保双方身份明确。合作协议应明确合作的具体范围、项目或产品，以及双方期望达到的目标和成果。这有助于双方对合作内容有清晰的认识。合作协议应详细列出双方在合作中的权利与义务，包括但不限于合作内容、时间表、资源投入、技术支持等。这有助于确保双方明确自己的职责和期望。合作协议应明确合作产生的利益如何分配，包括收益分配比例、利润分配方式等。这是合作中非常关键的一部分，需要双方进行充分的讨论和协商。合作协议应分析合作中可能面临的风险，并明确双方的风险承担方式和责任。这有助于确保在合作中出现问题时，双方能够共同承担责任并解决问题。如果合作涉及商业秘密或敏感信息，合作协议中就应包含保密条款，明确保密信息的范围、保密期限和保密责任。合作协议应制定合作中可能出现的争议解决机制，如协商、调解、仲裁或诉讼等。这有助于在合作出现问题时，双方能够迅速找到解决方案。合作协议应明确合作的期限以及合同终止的条件和程序。这有助于确保合作在双方达成一致的基础上有序进行。双方应确定合作协议适用的法律和管辖法院，以确保在合作中出现纠纷时能够依法解决。根据合作的具体情况，双方可以在合作协议中添加其他必要的条款，如知识产权归属、违约责任等。

制定合作协议时，双方应充分讨论和协商，确保协议内容明确、具体、可行。合作协议应经过双方的法律顾问审核，确保其合法性和有效性。在合作过程中，双方应遵守合作协议中的条款和规定，确保合作的顺利进行和可持续发展。

（四）信息共享

在供应链合作中，信息共享是非常重要的。通过共享库存、销售、生产等关键信息，双方可以更好地了解彼此的需求和其他相关状况，从而作出更准确的决策。信息共享也有助于提高供应链的透明度和可追溯性。在供应链合作中，信息共享被视为推动协同和优化的关键因素。通过实时共享库存、销售和生产数据，供应链伙伴可以更准确地预测市场需求，从而调整生产计划、库存水平和分销策略。信息共享有助于减少库存积压和缺货现象，通过共同管理库存，实现库存水平的优化，降低库存成本。共享信息可以提高供应链的透明度，使所有参与者都能清晰地了解供应链的状态和“瓶颈”，从而快速响应市场变化。在食品安全、医药等领域，信息共享对于产品追溯至关重要。通过共享生产、运输和存储信息，供应链伙伴可以迅速追踪到问题源头，保障产品质量和安全。信息共享有助于供应链伙伴之间的协同工作，共同解决问题，提高整体供应链的效率和响应速度。通过减少库存积压、避免缺货和快速响应市场变化，信息共享有助于降低供应链的总成本。准确预测市场需求和快速响应客户需求可以提高客户满意度，增强企业竞争力。通过信息共享，供应链伙伴可以更好地了解供应链中的潜在风险，从而提前采取措施进行预防。信息共享可以激发供应链伙伴之间的创新思维，共同开发新产品、新服务和新市场。利用现代信息技术，如云计算、大数据和物联网等，建立高效的信息共享平台，实现供应链伙伴之间的实时数据交换。明确信息共享的范围、频率、格式和安全性要求等，确保信息共享的规范性和安全性。通过持续沟通、互相尊重和遵守承诺等方式，加强供应链伙伴之间的信任关系，为信息共享提供坚实的基础。建立激励机制，鼓励供应链伙伴积极参与信息共享活动，如设立奖励制度、提供技术支持等。

信息共享在供应链合作中发挥着至关重要的作用。通过加强信息共享，供应链伙伴可以更好地协同工作、优化库存管理和提升客户满意度等，从而实现整个供应链的持续改进和升级。

（五）协同决策

在供应链合作中，双方应共同参与决策过程。协同决策可以更好地整合双方的资源和能力，实现更高效的供应链运作。协同决策也有助于增强双方的合作意愿和责任感。它要求供应链合作伙伴共同参与决策过程，整合双方的资源和能力，以实现更高效、更灵活的供应链运作。协同决策不仅有助于优化供应链的整体性能，还能增强双方的合作意愿和责任感。协同决策能够充分利用双方的资源，包括人力、物力、财力等，实现资源的最优配置。通过共同决策，双方可以更快地响应市场变化和客户需求，提高供应链的灵活性和敏捷性。协同决策要求双方共同参与，这有助于增强双方的合作意愿和信任，促进长期稳定的合作关系。在协同决策过程中，双方可以明确各自的责任和义务，确保供应链运作的顺利进行。为了确保协同决策的顺利进行，双方需要建立有效的沟通机制，包括定期召开会议、使用协作工具等，以便及时交流信息、讨论问题和制定决策。在协同决策之前，双方需要明确决策的目标和期望结果，以便在决策过程中保持一致的方向。如前所述，信息共享是协同决策的基础。双方需要共享关键信息，如库存、销售、生产等数据，以便更好地了解彼此的需求和状况。在决策过程中，双方需要共同参与制定方案，考虑各种可能性和风险，并寻求最佳的解决方案。在协同决策之后，双方需要明确各自的责任和义务，确保供应链运作的顺利进行。这可以通过制订详细的执行计划和责任分配表来实现。协同决策并不是一次性的活动，而是一个持续的过程。双方需要持续监控供应链运作的情况，并根据实际情况进行调整和优化。通过协同决策，双方可以优化供应链的各个环节，提高整体运作效率。通过整合资源和优化决策，双方可以降低运营成本，提高盈利能力。协同决策有助于更快地响应客户需求，提高客户满意度和忠诚度。在协同决策的过程中，双方可以共同探索新的商业模式和解决方案，推动供应链的创新发展。

协同决策是供应链合作中不可或缺的一部分。通过共同参与决策过程，双方可以更好地整合资源和能力，实现更高效的供应链运作。协同决策也有助于增强双方的合作意愿和责任感，促进长期稳定的合作关系。

（六）风险共担

在供应链合作中，双方应共同承担风险。通过共同识别、评估和处理供应链中的风险，双方可以确保供应链的稳定性和可靠性。风险共担也有助于增强双方的信任感和合作精神。在供应链中的各方应共同识别、评估和处理潜在的风险。通过风险共担，双方不仅能够增强彼此之间的信任感和合作精神，还能够有效地应对各种不可预见的挑战。当供应链中的各方共同承担风险时，他们会更加关注供应链的稳定性，从而采取必要的措施来减少潜在的风险因素。风险共担要求双方建立深厚的信任关系，因为只有在信任的基础上，双方才愿意共同面对和承担风险。通过共同应对风险，双方将更紧密地合作，共同寻找解决方案，这种合作精神将促进供应链的整体优化。在风险共担的框架下，双方将更全面地考虑各种风险因素，从而作出更加合理和有效的决策。双方应定期召开会议，共同识别和分析供应链中潜在的风险因素，包括市场风险、运营风险、技术风险等。在识别风险后，双方需要评估这些风险对供应链的影响程度，包括潜在的成本、时间和质量损失等。基于风险评估的结果，双方应共同制定应对策略，包括风险规避、风险转移、风险减轻和风险接受等。为了持续监控供应链中的风险状况，双方应建立风险监控机制，包括定期报告、风险预警和应急响应等。在风险共担的过程中，双方应共享风险信息，确保彼此对供应链中的风险状况有充分的了解。

通过共同应对风险，供应链将变得更加坚韧和有弹性，能够更好地应对各种不可预见的挑战。通过风险共担和有效应对风险，供应链中的损失和浪费将减少，从而降低运营成本。稳定的供应链将确保产品按时、按质交付给客户，从而提高客户满意度和忠诚度。在风险共担的框架下，双方将更积极地探索新的商业模式和解决方案，推动供应链的创新发展。风险共担是供应链合作中不可或缺的一部分。通过共同识别、评估和处理供应链中的风险，双方不仅能够确保供应链的稳定性和可靠性，还能够增强彼此之间的信任感和合作精神。这种合作精神将有助于推动供应链的整体优化和创新发展。

（七）绩效评估与改进

为了确保供应链合作伙伴关系的持续发展和优化，双方应定期进行绩效评估。通过评估结果，双方可以发现存在的问题和不足，并制定相应的改进措施。绩效评估也有助于激励双方持续改进和提高合作效率。在供应链合作中，绩效评估与改进是确保合作关系持续发展和优化的关键环节。通过定期对供应链合作进行绩效评估，双方可以清晰地了解合作的现状，识别存在的问题和不足，并据此制定针对性的改进措施。这种持续的评估和改进过程有助于激励双方持续提高合作效率，共同推动供应链的整体优化。绩效评估为双方提供了一个客观的视角，帮助它们了解合作的实际情况，包括合作成果、效率、质量等方面。通过绩效评估，双方可以及时发现合作中存在的问题和不足，如沟通不畅、流程烦琐、资源浪费等。基于评估结果，双方可以共同制定改进措施，以优化合作流程、提高合作效率、降低成本等。绩效评估结果可以作为激励双方持续改进的依据，通过设定明确的改进目标和奖励机制，激发双方的合作积极性和创新精神。

双方应根据供应链合作的特点和需求，设定合适的评估指标，如交货准时率、产品质量合格率、客户满意度等。定期收集与评估指标相关的数据和信息，确保评估结果的客观性和准确性。对收集到的数据和信息进行深入分析，识别存在的问题和不足，并探讨可能的原因和解决方案。基于评估结果的分析，制订具体的改进计划，明确改进目标、措施和时间表。按照改进计划实施，并持续监控改进效果，确保改进措施的有效性和可持续性。持续改进有助于提升产品和服务质量，提高客户满意度和忠诚度。绩效评估与改进过程激发双方的创新精神，推动供应链合作模式的创新和发展。通过持续改进和优化，双方的合作将更加稳定可靠，有助于建立长期稳定的合作关系。绩效评估与改进是供应链合作中不可或缺的一部分。通过定期的绩效评估，双方可以及时发现合作中存在的问题和不足，并据此制定改进措施。这种持续的评估和改进过程有助于激励双方持续改进和提高合作效率，共同推动供应链的整体优化。

通过以上策略的实施，可以建立起稳定、高效、可靠的供应链合作伙伴关系。这种关系不仅能够提高整个供应链的竞争力和市场地位，还能够促进双方的共同发展和长期合作。在电子商务中的供应链协作中，合作伙伴关系管理是一个至关重要的环节。通过建立信任、明确合作目标、制定合作协议、信息共享、协同决策、风险共担以及绩效评估与改进等方式，双方可以建立起稳定、高效、可靠的供应链合作伙伴关系，从而提高整个供应链的竞争力和市场地位。

供应链协作技术与工具

21 世纪企业的竞争是供应链与供应链之间的竞争，如何发挥企业的核心优势，在竞争中取得胜利，供应链合作伙伴关系的管理起着决定性的作用。本书从供应链合作伙伴关系管理过程中所涉及的专题入手，对以往研究进行回顾和讨论，并对未来可研究的方向进行展望。

一、供应链协作平台的类型

供应链协作平台（也称为供应链协同平台或 SCM 供应链一体化平台）的类型和功能多种多样，但主要都围绕着提高供应链效率、优化流程、降低成本和增强协同能力。

（一）交易型供应链平台

交易型供应链平台是专注于供应链交易环节的平台，它们主要服务于企业间的 B2B（企业对企业）交易。这些平台不仅提供了交易撮合的功能，还整合了供应链管理中的多个环节，如采购、销售、物流、金融等，以提高供应链整体的效率和透明度。这类平台主要侧重于供应链的交易环节，如 B2B 交易。它们可以是撮合性质的平台，也可以是自营性质的平台，或者是将一些线下业务转移到线上的在线业务。交易型供应链平台在供应链管理中占据着重要的位置，它们主要侧重于供应链的交易环节，尤其是 B2B 交易。交易型供应链平台在现代供应链管理中发挥着越来越重要的作用。通过提供全面的供应链服务，交易型供应链平台帮助企业降低交易成本、提高效率、提高透明度并降低风险。

（二）撮合性质的平台

撮合性质的平台主要是指那些通过技术手段将买家和卖家连接起来，帮助双方找到彼此并进行交易的平台。在供应链和电商领域中，这类平台扮演着重要的角色，为参与者提供了一个高效、便捷的交易环境。撮合性质的平台通常是一个中立的市场，它们不直接参与交易，而是为买卖双方提供一个交易场所和交易机制。这些平台通过技术手段将买家和卖家连接起来，帮助双方找到彼此，并进行交易。撮合平台通常提供信息发布、搜索、询价、报价、在线交易、支付、物流跟踪等一系列服务，使得交易过程更加便捷、高效。撮合性质的平台通过提供信息汇聚、智能匹配、交易撮合等服务，为用户提供了一个高效、便捷的交易环境。它们在现代经济中发挥着越来越重要的作用，推动了交易的数字化和智能化进程。

（三）自营性质的平台

自营性质的平台是由供应链中的一方（通常是大型企业或供应链管理者）建立并运营的。这类平台除了提供撮合服务外，还会直接参与交易，即平台本身就是交易的一方。自营性质的平台在供应链管理中扮演着关键角色，自营平台不仅提供交易撮合服务，还直接参与交易过程。自营平台通常会整合从采购、生产、销售到物流等全链条的服务，形成垂直一体化的供应链管理模式。这种整合有助于优化供应链流程，提高整体效率。由于自营平台直接参与交易和生产过程，它们能够更好地控制产品的质量和标准。这有助于确保产品的可靠性和一致性，提升客户满意度。自营平台通常具备强大的资源调配能力和灵活的生产流程，能够快速响应市场需求的变化。这有助于降低库存风险，提高资金的周转率。自营平台通过收集和分析大量的交易数据，能够更好地了解市场需求、消费者偏好以及供应链的运行情况。这些数据驱动的洞察有助于平台作出更明智的决策，优化供应链策略。自营平台可以通过提供高品质的产品和服务，建立自己的品牌形象和信誉。这种品牌效应有助于提升平台的知名度和吸引力，吸引更多的消费者和合作伙伴。自营性质的平台在多个领域都有广泛应用，如零售、电商、制造等。例如，一些大型零售商通过建立自营电商平台，整合线上线下资源，提供全方位的购物体验；一些制造企业通过建立自营供应链平台，优化原材料采购、生产计划和物流配送等环节，提高生产效率和降低成本。自营性质的平台通过垂直整合、品质控制、快速响应、数据驱动和品牌塑造等手段，为供应链管理带来了诸多优势。它们不仅提高了供应链的整体效率，还为消费者提供了更好的产品和服务体验。

（四）线下业务转移到线上的在线业务

随着电子商务的迅猛发展，许多企业开始将传统的线下业务转移到线上，利用交易型供应链平台进行交易。这种转变带来了诸多优势，显著提高了交易的效率和便捷性，降低了交易成本，并使得企业能够更快地响应市场变化，满足客户需求。线上交易使得买卖双方可以随时随地进行交易，不再受地域和时间的限制。通过交易型供应链平台，企业可以方便地展示产品、发布价格、接受订单、处理支付等，大大提高了交易的便捷性。平台提供的智能搜索、在线谈判、自动化订单处理等功能，也进一步提高了交易的效率。将线下业务转移到线上，企业可以省去许多传统交易中的额外成本，如租金、人工、物流等。通过交易型供应链平台，企业可以实现更精准的市场定位和营销，减少库存积压和资金占用，从而降低整体运营成本。平台提供的金融服务如供应链融资等，也能帮助企业缓解资金压力，降低融资成本。线上交易使得企业能够更快地获取市场信息，了解客户需求和竞争态势。通过交易型供应链平台，企业可以实时更新产品信息、调整价格策略、优化供应链管理等，以快速响应市场变化。这种灵活性有助于企业抓住市场机遇，提升竞争力。线上交易提供了更丰富的购物选择和更便捷的购物体验，使得客户能够更轻松地找到所需产品并进行购买。平台提供的售后服务和物流配送等服务，也能帮助客户解决购物过程中遇到的问题，提升客户满意度。这种良好的客户体验有助于企业建立稳定的客户关系，促进长期发展。线上交易打破了地域限制，使得企业能够拓宽更广阔的市场范围。通过交易型供应链平台，企业可以将产品推向全国乃至全球市场，吸引更多潜在客户。这种市场拓展有助于企业实现规模化经营和品牌建设，提升整体竞争力。将线下业务转移到线上并利用交易型供应链平台进行交易已经成为越来越多企业的选择。这种转变不仅提高了交易的效率和便捷性，降低了交易成本，还使企业能够更快地响应市场变化，满足客户需求。线上交易也有助于企业拓宽市场范围和提升客户满意度，为企业的长期发展奠定坚实基础。

二、协作技术与工具在供应链管理中的应用

协作技术与工具在供应链管理中发挥着至关重要的作用，它们有助于供应链全链条的各环节实现协同运行，提高业务协同效率。

（一）供应链协同平台

供应链协同平台是一种集成各类供应链管理功能的软件系统，能够将不同环节的供应链参与方连接起来，实现协同合作和信息共享。企业可以通过该平台协调各个环节的供应链活动，包括采购、生产、仓储、物流、销售等。这有助于企业实现供应链各个环节的信息共享、协作和优化，从而提高供应链整体效率。供应链协同平台是一种非常重要的软件系统，它集成了各类供应链管理功能，旨在连接不同环节的供应链参与方，实现协同合作和信息共享。该平台打破了传统供应链中的信息孤岛，使得供应链中的各个环节，如供应商、制造商、分销商、零售商等，可以实时共享数据、信息和资源。这种协同合作有助于各方更好地理解彼此的需求和期望，从而作出更加准确和及时的决策。供应链协同平台通过提供统一的信息平台，实现了供应链各环节之间的信息共享，包括订单信息、库存信息、物流信息、销售数据等。信息共享使得各方能够实时了解供应链的状态，及时发现问题并采取相应的措施。该平台可以支持供应链中各种业务流程的自动化和优化，如采购流程、生产流程、仓储管理、物流配送等。通过自动化和优化，企业可以降低人力成本、提高处理效率，并减少人为错误。供应链协同平台可以将各个环节的数据进行整合，并提供数据分析和报表功能。通过对数据的分析，企业可以了解供应链各环节的"瓶颈"和问题，并采取相应的措施。这种数据驱动的决策能够帮助企业作出更加准确和及时的决策，提高整个供应链的响应速度和灵活性。通过可视化管理功能，供应链协同平台将供应链的各个环节以图表形式展示出来，使用户能够直观地了解供应链的运作情况。这种可视化管理有助于用户全面掌握供应链的状态，及时发现问题，并采取相应的措施。供应链协同平台具有良好的开放性和扩展性，可以与企业的ERP系统、CRM系统等其他管理系统进行无缝对接。这种开放性和扩展性使得企业能够根据需要灵活配置和扩展供应链协同平台的功能。

供应链协同平台通过实现供应链参与方之间的协同合作和信息共享，优化业务流程，整合和分析数据，以及实现供应链的可视化管理等功能，有助于提高供应链整体效率，降低运营成本，并提升客户满意度。

（二）数据分析与可视化工具

通过数据分析与可视化工具，企业可以实时监控供应链的运行情况，及时发现问题并进行调整。企业可以利用这些工具收集和分析供应链数据，识别潜在的风险和机会，制定针对性的策略。通过可视化展示，企业可以更直观地了解供应链的运行状况，为决策提供有力支持。数据分析与可视化工具在供应链管理中发挥着至关重要的作用。这些工具能够帮助企业实时监控供应链的运行情况，及时发现问题并进行调整，从而优化供应链流程，提高整体效率。数据分析工具能够持续收集和处理供应链中的各类数据，如订单数据、库存数据、物流数据等。企业可以实时监控这些数据，了解供应链的实时运行状态。通过对数据的分析，企业可以及时发现供应链中的问题，如库存积压、物流延误、生产效率低下等。这有助于企业迅速采取措施，避免问题进一步恶化。

利用数据分析工具，企业可以识别潜在的供应链风险，如供应商破产、市场需求变化等。这有助于企业提前做好准备，降低风险对企业的影响。除了风险识别外，数据分析工具还能帮助企业发现市场中的新机会。通过对销售数据、客户行为等数据的分析，企业可以了解市场需求的变化，从而调整产品策略或市场策略。数据分析工具能够为企业的决策提供有力支持。通过对历史数据的分析，企业可以预测未来的市场趋势，从而制定更加合理的供应链策略。企业可以利用数据分析工具从多个来源收集供应链数据，如 ERP 系统、CRM 系统、物联网设备等。这些数据是后续分析的基础。收集到的数据往往需要进行清洗、整合和转换等处理过程，以确保数据的准确性和一致性。数据分析工具可以帮助企业完成这些任务。企业可以利用数据分析工具对数据进行深入的分析，如趋势分析、关联分析、异常检测等。这些分析结果有助于企业了解供应链的运行情况，发现潜在的问题和机会。通过可视化展示，企业可以更直观地了解供应链的运行状况。例如，可以使用图表、仪表板等工具展示库存水平、订单处理时间、物流路径等信息。这种可视化展示有助于企业快速发现问题，并制定相应的策略。数据分析工具还可以生成各种报告，如库存报告、销售报告、物流报告等。这些报告可以为企业的高层管理者提供全面的供应链信息，帮助他们作出更加明智的决策。

数据分析与可视化工具在供应链管理中具有广泛的应用前景。通过利用这些工具，企业可以实时监控供应链的运行情况，及时发现问题并进行调整，从而提高供应链的整体效率和竞争力。

（三）协同驱动的项目管理工具

协同驱动的项目管理工具在项目管理中发挥着至关重要的作用，它们通过提供敏捷管理和调整的功能，使团队能够快速响应市场和供应链的变化。协同驱动的项目管理工具支持敏捷项目管理方法，如Scrum、Kanban等，使团队能够快速适应变化，灵活调整项目计划。这些工具具备强大的计划和任务分配功能，帮助团队建立清晰的项目框架，明确每个团队成员的职责和任务，确保项目按计划进行。实时监控和进度追踪：通过实时监控项目进展，团队可以及时发现潜在问题并进行调整。这些工具通常提供甘特图、看板等可视化工具，帮助团队了解项目的整体进度和每个任务的完成情况。协同驱动的项目管理工具提供多种协作工具，如实时聊天、文件共享、任务评论等，使团队成员能够随时随地进行沟通和协作，提高工作效率。这些工具通常具备强大的文档管理功能，帮助团队整理和打包项目文档，确保文档的准确性和完整性。团队成员可以方便地访问和编辑文档，保证项目信息的实时更新。明确项目目标、范围和时间表：在供应链咨询项目中，协同驱动的项目管理工具可以帮助团队明确项目的目标、范围和时间表，确保项目从一开始就按照既定的方向进行。通过实时监控项目进展，团队可以及时发现潜在问题并进行调整。这有助于降低项目风险，确保项目按时交付。

协同驱动的项目管理工具使团队能够快速响应市场和供应链的变化。当项目出现偏差或问题时，团队可以迅速采取措施进行调整，确保项目顺利进行。这些工具可以帮助团队整理和打包项目文档，确保按照客户的期望交付项目。这有助于提升客户满意度，增强企业的竞争力。协同驱动的项目管理工具在供应链咨询项目中发挥着不可或缺的作用。通过提供敏捷管理和调整的功能、计划和任务分配功能以及实时监控和进度追踪等功能，这些工具帮助团队快速响应市场和供应链的变化，确保项目按时交付并达到客户的期望。这些工具提供敏捷管理和调整的功能，使团队能够快速响应市场和供应链的变化。它们还具备计划和任务分配功能，有助于建立清晰的项目框架，确保每个团队成员都清楚自己的任务和项目进展。在供应链咨询项目中，这些工具可以帮助团队明确项目目标、范围和时间表，实时监控项目进展，及时发现潜在问题并进行调整。它们还可以协助团队整理和打包项目文档，确保按照客户的期望交付项目。

（四）实时通信工具

实时通信工具在现代供应链管理中扮演着至关重要的角色。这些工具能够极大地提高供应链团队之间的沟通效率，确保信息的实时传递和共享，从而加强团队之间的合作和协同。团队成员可以随时在实时通信工具中发起讨论，就供应链中的各种问题、挑战或策略进行即时交流。这种即时性有助于快速解决问题，避免信息延迟导致的误解或延误。实时通信工具通常提供文件共享功能，团队成员可以方便地上传、下载和编辑文件。这有助于确保供应链相关文档的及时更新和共享，减少因版本不同或信息不准确而导致的错误。许多实时通信工具还支持多人协作编辑文档，团队成员可以同时编辑同一份文件，实时查看彼此的修改，并进行讨论和反馈。这种协作方式有助于提高文档编辑的效率和准确性。实时通信工具通常可以与其他供应链管理工具集成，如项目管理软件、ERP 系统等。这使得团队成员可以在一个统一的界面中查看和管理供应链相关信息，提高工作效率。

团队成员可以利用实时通信工具进行日常沟通，包括分享工作进展、讨论问题、安排会议等。这种沟通方式比传统的邮件或电话更为高效，能够更快地传递信息。在供应链中出现紧急情况时，实时通信工具可以帮助团队成员迅速响应。通过在线讨论和协作编辑，团队可以快速制定应对策略，并实时跟踪执行情况。实时通信工具还可以作为知识分享的平台。团队成员可以在工具中分享经验、技巧或行业知识，帮助团队成员提升专业能力。对于分散在不同地点的供应链团队来说，实时通信工具是实现远程协作的重要工具。团队成员可以通过在线讨论、文件共享和协作编辑等方式保持紧密的合作，确保供应链的顺畅运行。

实时通信工具在供应链管理中具有广泛的应用前景。通过提高沟通效率、加强团队之间的合作和协同，这些工具有助于提高供应链的整体效率和竞争力。实时通信工具如 Slack、Teams 等可以提高供应链团队之间的沟通效率，确保信息的实时传递和共享。团队成员可以利用这些工具进行在线讨论、文件共享和协作编辑，从而加强团队之间的合作和协同。

（五）云计算和大数据技术

云计算和大数据技术在供应链管理中的应用确实为企业带来了显著的优势。这些技术不仅提供了强大的计算能力和数据处理能力，还帮助企业更好地管理供应链数据，从而优化整个供应链流程。云计算允许企业通过租赁云基础设施以及数据中心服务来降低企业的成本，并按需使用计算、存储等资源。这种弹性伸缩的特性使得企业能够根据业务需求快速调整资源，满足供应链管理的各种需求。大数据技术的应用则体现在对海量供应链数据的处理和分析上。通过对这些数据的挖掘和分析，企业可以提取有价值的信息，为供应链管理者提供决策支持。例如，企业可以利用大数据技术进行市场预测，根据历史销售数据和外部环境因素来预测未来的市场需求，从而优化库存管理和物流计划。大数据技术还可以帮助企业进行风险评估，实时监测和分析供应链中的各种风险因素，如供应商的可靠性、物流环节的延迟等，从而采取相应的措施降低风险带来的损失。

在供应链可视化方面，大数据技术可以将供应链中各个环节的数据可视化，使得供应链管理者能够更加直观地了解供应链的运作情况。通过这种可视化的方式，供应链管理者可以及时发现问题并进行调整和优化。云计算和大数据技术的结合还可以帮助企业构建智能化的供应链管理系统。这种系统能够自动化处理供应链中的许多任务，如订单处理、库存管理、物流跟踪等，从而提高供应链的自动化水平。同时，智能化的系统还可以根据历史数据和实时数据进行学习和优化，不断提高供应链的效率和准确性。云计算和大数据技术在供应链管理中发挥着越来越重要的作用。它们不仅提高了企业的数据处理能力和计算能力，还帮助企业更好地管理供应链数据，实现供应链的自动化和智能化管理。此外，这些技术还可以帮助企业进行市场预测和风险评估，提高供应链的透明度和可追溯性。云计算和大数据技术可以提供强大的计算能力和数据处理能力，帮助企业更好地管理供应链数据。

企业可以利用这些技术构建智能化的供应链管理系统，实现供应链的自动化和智能化管理。它们还可以帮助企业进行市场预测和风险评估，提高供应链的透明度和可追溯性。

（六）区块链技术

区块链技术确实为供应链管理带来了许多革命性的变革。它以其去中心化、不可篡改和透明可追溯等特点，为供应链管理提供了安全保障和信任机制。区块链的去中心化特性解决了信息不对称的问题。在传统供应链中，信息流通是由中心化的机构或个人控制的，这带来了信息过于集中和不对称的问题。而区块链技术将信息存储在分布式节点上，每个节点都有完整的账本记录，任何参与者都可以获取和验证交易信息。这意味着供应链上的每个环节都能够了解整个供应链的状态和详情，减少了信息不对称的情况，提高了供应链的可追溯性。区块链的不可篡改特性保证了数据的真实性和完整性。在区块链上，每个新的交易都被记录在一个区块中，并与前一个区块链接形成链条。

一旦数据被记录在区块链中，就无法修改或删除，因此能够有效地防止数据的篡改行为。这确保了供应链数据的真实性和完整性，提高了供应链的透明度。区块链技术通过分布式账本和智能合约的机制，可以实现供应链各个环节的透明度和可追溯性。每一笔交易都会被记录到区块链上，并且无法篡改。供应链的参与方可以实时查看和验证物流、生产和贸易的信息，从而确保产品来源的真实性和合规性。

企业可以利用区块链技术建立供应链的信任体系，确保供应链信息的真实性和完整性。通过智能合约的自动化执行和供应链信息的实时共享，区块链技术可以提高供应链管理的效率，并减少中间环节和人为操作带来的成本。此外，区块链技术还可用于供应链金融和支付体系的改进，缩短付款周期，降低支付风险，促进供应链各方的合作关系。在应用区块链技术时，企业也需要注意数据的安全和隐私。虽然区块链技术可以提高供应链的透明度和可追溯性，但也可能涉及一些敏感信息的泄漏。在建立区块链＋供应链的系统时，企业需要在保证各方数据信息的安全和隐私性的条件下进行。区块链技术以其独特的优势为供应链管理带来了许多好处，包括提高供应链的透明度、可追溯性和安全性。随着技术的不断发展和完善，区块链将在供应链管理中发挥越来越重要的作用。区块链技术具有去中心化、不可篡改和透明可追溯等特点，可以为供应链管理提供安全保障和信任机制。企业可以利用区块链技术建立供应链的信任体系，确保供应链信息的真实性和完整性。区块链技术还可以提高供应链的透明度和可追溯性，降低供应链中的欺诈和风险。

协作技术与工具在供应链管理中发挥着重要作用。它们可以帮助企业实现供应链的协同运行和优化，提高业务协同效率。随着技术的不断发展和创新，未来将有更多的协作技术与工具被应用于供应链管理中。

三、供应链协作的中介作用

（一）促进和调节作用

供应链协作中的中介角色可能在不同供应链成员之间扮演促进或调解的角色，帮助实现交流、合作和协调。这种角色可能由专门的协调机构、平台或第三方服务提供者担任，以促进供应链成员之间的信息共享、风险共担和互利共赢。在供应链协作中，中介角色起着至关重要的促进和调解作用，帮助不同供应链成员之间实现有效的交流、合作和协调。这种角色通常由专门的协调机构、平台或第三方服务提供者来担任，它们在整个供应链网络中发挥着桥梁和纽带的作用。

首先，中介角色通过促进信息共享来加强供应链成员之间的联系。它们可能建立和维护一个信息共享平台，使得供应链中的各个环节能够实时更新和获取关键信息，如订单状态、库存水平、运输情况等。这种信息透明性有助于减少不确定性，提高响应速度，并优化整体供应链性能。其次，中介角色在风险共担方面发挥着重要作用。供应链中存在着各种潜在风险，如供应中断、物流延误、市场需求波动等。中介角色可以协调供应链成员之间的风险分担策略，确保供应链的稳定性和可持续性。通过制定风险管理和应急预案，中介角色能够降低潜在风险对供应链的影响，提高供应链的韧性和弹性。最后，中介角色致力于实现供应链成员之间的互利共赢。它们可能通过协调价格、质量、交货期等关键参数，促进供应链成员之间的合作。通过平衡供应链中各个环节的利益关系，中介角色能够确保供应链的公平性和可持续性，从而增强供应链的整体竞争力。

在实际操作中，中介角色可能采取多种方式来促进和调解供应链协作。例如，它们可以组织定期或不定期的会议和研讨会，促进供应链成员之间的沟通和交流；它们还可以提供培训和支持服务，帮助供应链成员提升协作能力和水平；此外，中介角色还可以利用先进的技术手段，如云计算、大数据、人工智能等，提高供应链管理的效率和智能化水平。供应链协作中的中介角色通过促进信息共享、风险共担和互利共赢等方面发挥着重要的促进和调节作用。它们在整个供应链网络中扮演着不可或缺的角色，为供应链的稳定运行和持续发展提供了有力保障。

（二）解释和传递影响

以供应链协同与创新绩效的关系为例，战略柔性可以被视为一个关键的中介变量，它在其中起到了桥梁的作用，解释并传递了供应链协同对创新绩效的影响。首先，供应链协同强调的是供应链成员之间在资源、信息、流程等方面的深度合作和共享。这种协同关系能够带来资源共享的优势，降低交易成本，并提高整个供应链的响应速度和灵活性。其次，战略柔性指的是企业在面对不确定性环境时，能够迅速调整战略、资源和运营方式的能力。战略柔性使企业能够更好地适应市场变化和客户需求，从而保持竞争优势。在供应链协同的背景下，战略柔性得到了进一步的强化和提升。因为供应链成员之间的紧密合作和共享，使得企业能够更快地获取和利用外部资源，更灵活地调整战略和运营方式。最后，创新绩效是企业通过创新活动所取得的成果和效益。它反映了企业在技术、产品、服务等方面的创新能力和水平。战略柔性对创新绩效有着显著的正向影响。因为具有战略性的企业能够更快地识别和抓住市场机会，更高效地整合内外部资源，更灵活地开展创新活动，从而取得更好的创新绩效。

在这个过程中，战略柔性起到了中介变量的作用。它解释了供应链协同如何影响创新绩效，即供应链协同通过提升战略柔性来提升企业的创新能力和水平，进而提升创新绩效。同时，战略柔性也传递了供应链协同对创新绩效的影响，使得我们能够更清晰地看到供应链协同与创新绩效之间的内在联系和逻辑关系。通过深入分析供应链协同与战略柔性、战略柔性与创新绩效之间的关系，我们可以更好地理解供应链协作对企业创新绩效的促进作用。这对于企业制定供应链协同策略、提升创新能力和绩效具有重要的指导意义。

（三）协调和整合作用

在供应链协作中，中介角色的协调和整合作用至关重要。这些中介角色，如供应链协调中心、平台或第三方服务提供商，通过优化供应链流程和资源配置，有效地提高了供应链的效率和响应速度，降低了运营成本，从而增强了整个供应链的竞争力。首先，协调和整合供应链资源是中介角色的核心任务之一。它们通过收集和分析供应链各环节的数据和信息，识别出潜在的“瓶颈”和问题，并制订相应的解决方案。这包括协调供应商、制造商、分销商和最终客户之间的利益和需求，确保供应链中的每个环节都能够顺畅运作。其次，中介角色通过优化供应链流程来提高效率。它们对供应链的各个环节进行详细的规划和设计，确保信息流、物流和资金流的顺畅流通。通过引入先进的供应链管理技术和工具，如供应链管理软件、物联网技术和大数据分析等，中介角色能够实时监控供应链的运行情况，并及时作出调整和优化。中介角色还负责整合供应链资源，实现资源的优化配置。它们与供应链成员建立紧密的合作关系，共享资源、知识和经验，提高整个供应链的协同性和创新能力。通过整合供应商、物流公司和分销渠道等资源，中介角色能够降低运营成本，提高供应链的灵活性和响应速度。

这种协调和整合作用对供应链的效率和响应速度产生了显著的影响。通过优化供应链流程和资源配置，中介角色减少了浪费和延误，提高了供应链的效率和可靠性。它们还提高了供应链的响应速度，使其能够更快地适应市场变化和客户需求。这种协调和整合作用有助于提升整个供应链的竞争力。通过提高供应链的效率和响应速度，降低运营成本，供应链能够更好地满足客户需求，赢得市场份额。同时，中介角色还促进了供应链成员之间的合作和共赢，增强了整个供应链的稳定性和可持续性。供应链协作中的中介角色在协调和整合供应链资源方面发挥着关键作用。通过优化供应链流程和资源配置，它们提高了供应链的效率和响应速度，降低了运营成本，并提升了整个供应链的竞争力。这对于企业实现可持续发展和形成长期竞争优势具有重要意义。

数字化战略的实施推动企业简化通信渠道，提高数据透明度，促进供应链信息及时、高效传递。这样可以减少信息不对称和滞后问题，降低信息传递时间和出错风险，有助于供应链合作伙伴高效、有效地共享信息，提高供应链协作效率。此外，数字化战略推动企业订单管理、库存跟踪和物流等流程数字化，供应链合作伙伴可以更有效地共享信息，减少沟通障碍和提高数据准确性，使供应链合作伙伴能够实时访问、分析，从而帮助他们更好地理解和应对需求、供应和其他市场因素的变化，并作出风险管理决策。另外，建立风险预警系统可以帮助供应链合作伙伴获取有效的供应链风险信息。一旦发现潜在风险，供应链合作伙伴之间可以共同努力，协同应对风险，从而减轻其对供应链造成的影响。为了更好地应对风险，供应链合作伙伴可以统一其风险管理策略，并建立常规的风险阈值和制订应急计划，以确保在发生风险时能够迅速采取措施，从而积极地强化供应链风险管理。使用数字化工具还能够建立跨部门协作机制、实现远程协作，以更好地处理供应链风险事件。例如，数字协作平台（如钉钉、腾讯会议），可以实现远程办公、培训和沟通，快速建立跨部门和跨地域的沟通协作机制，提高决策效率和响应速度。这有助于组织在突发风险事件中能够快速适应变化，最大限度减少企业的损失。因此，在数字化战略的推动下，企业可以通过数据收集、分析、可视化和人工智能技术等方式，建立跨部门协作机制和实现远程协作，更好地掌握供应链风险事件的进展情况，从而更好地应对风险。

四、供应链企业协作与供应链质量的关系分析

供应链的知识协作与供应链质量之间存在着显著的相关性。根据以上假设验证结果，我们从自变量和因变量之间的相关性出发，对相关假设进行讨

论和分析。知识共享发生在供应链层面，包括供应链节点之间的价值认同和战略目标一致性，可以增加企业间相互信任，有效提高供应链上下游企业的运营效率；知识转移主要是通过与其他相应知识行为的相互作用，间接影响供应链质量，帮助上下游企业相互了解对方的经营状况，增加专业知识的广度和深度，优化供应链流程，共同提高绩效水平；知识整合可以完善知识结构，在新的知识体系中提取核心知识。知识提升企业的核心竞争力。当知识资源内化为自身知识体系的一部分时，企业的核心任务是利用知识快速、便捷地开发新产品或服务，解决问题，纠正错误，将知识转化为生产力，将知识物化为生产实践，最终转化为产品价值或市场价值，提高供应链质量水平。

由以上可知，知识共享、知识转移、知识获取、知识整合和知识应用组成的供应链企业之间的知识协作与供应链质量之间存在显著的正相关关系。可见，供应链企业的知识协作管理对提高供应链质量、提高企业管理效率都有着重要的意义。因此，供应链企业应着眼于企业内外部环境发展，提高自身管理水平，为知识协作创造一个和谐、适宜的发展环境。具体建议如下：第一，成员企业之间的信任和承诺可以促进知识的有效性，促进协调实施。反之，长期的知识协同也可以提高彼此之间的信任和承诺水平。二者相互促进、相互影响、相互制约。互动的螺旋关系使供应链企业之间的知识协同形成良性循环。因此，供应链企业应建立稳固的信任和承诺机制，通过承诺和约束行为，保持持续频繁的互动、沟通和协调，从而保证供应链内信息的畅通和供应链的相对透明。第二，供应链企业应提高知识交互的质量，建立完善的学习体系，通过多样化的获取沟通渠道和反馈渠道，建立一套有效的信息交流和反馈机制，使知识在不同节点之间流动。供应链企业还应引进先进的信息管理系统，建立完善的互通和反馈机制，最大限度地提高企业自身知识体系的深度和广度。第三，合理的利益分配模式是供应链企业知识协作稳定存在的基础，也是供应链企业联盟长期发展的重要途径。因此，供应链企业应建立成熟的知识利益分配机制，降低中小企业参与知识协作的准入门槛，形成供应链企业间知识协作的互惠模式。第四，知识创新的过程不是一个只产生新知识的过程，而是一个将知识应用于生产实践的全过程。因此，供应链企业应提升知识创新能力，提升协同知识的价值，实现知识创新，使知识价值转化为生产力，进而使知识协同持续有效地进行，促使知识协同的正向影响效应持续运行。供应链企业知识协作是一个动态交互的生态网络，具有明显的适应性和自律性等特征。供应链企业知识协作与供应链质量的关系研究是一个动态的复杂过程，但主体是统一的。研究结果表明，在知识共享、知识转移、知识获取、知识整合、知识应用等环节中，知识共享对供应链质量的直接影响较为明显。本书揭示了供应链企业之间的知识协作与供应链质量之间存在着直接或间接的正相关关系，如何通过供应链企业之间的知识协作提供坚实的决策支持，从实际出发提高绩效水平。对于供应链企业间知识协作的研究，未来企业可以充分结合具体行业的经营状况和经营环境，以案例分析或跟踪研究的形式获取数据，从数据中探索知识协作的生命周期和发展规律，以便根据不同阶段的知识协作状况提供建议。

第 9 章

电子商务影响下的未来供应链

在这个数字化、智能化的新时代，供应链管理的各个环节都面临着新的机遇与挑战。本章将深入探讨电子商务对未来供应链的影响，分析当前供应链面临的挑战，并展望未来的发展趋势。电子商务的兴起使市场需求变得更加多元化和个性化。消费者对于产品种类、质量、价格、配送时间等方面的要求日益提高，这要求供应链必须具备更高的灵活性和响应速度。同时，电子商务的全球化特性也使得供应链需要跨越更广泛的地理区域，面对更加复杂的市场环境和文化差异。智能设备和传感器的应用也使得供应链的实时监控和管理成为可能，大大提高了供应链的透明度和可控性。在此背景下，本章将从多个角度探讨电子商务对未来供应链的影响。

创新技术与供应链的未来

创新技术与供应链的未来紧密相连，它们共同推动着企业和市场的变革。创新技术与供应链的未来将是一个充满机遇和挑战的领域。企业需要不断关注新技术的发展和应用，积极探索创新的管理模式和方法，以提高供应链的效率和竞争力。

一、创新技术在供应链管理中的应用

（一）人工智能（AI）的定义及应用

1. 人工智能（AI）的定义

人工智能（Artificial Intelligence，AI）是一门新的技术科学，旨在研究、开发用于模拟、延伸和扩展人的智能的理论、方法、技术及应用系统。人工智能是计算机科学的一个重要分支，它企图了解智能的实质，并生产出一种能以与人类智能相似的方式做出反应的智能机器。人工智能的领域十分广泛，包括机器人、语言识别、图像识别、自然语言处理、专家系统、机器学习、计算机视觉等。这些技术已经广泛应用于各个领域，如医疗、金融、教育、交通、制造业等，提高了工作效率，降低了成本，并带来了许多便利。人工智能是新一轮科技革命和产业变革的重要驱动力量，它正在深刻地改变着我们的生产、生活和思维方式。随着技术的不断进步和应用场景的不断拓展，人工智能将会在未来发挥更加重要的作用。

2. 人工智能（AI）的应用

需求预测是企业制定物资战略规划、计划管理、采购供应的重要依据。近年来，国内外学者对物资需求预测的研究由统计工具的简单应用发展到预测数学模型和大数据、机器学习、神经网络算法等技术的综合应用，物资需求预测理论不断丰富。国内外通行的物资需求预测方法主要包括定性预测和定量预测两种，并呈现出由单一预测方法向混合预测方法发展、更多应用大数据等量化技术及人工智能算法等的发展趋势。但关于电网物资预测和管理方面的研究尚处于发展阶段，在物资出库数据预测校验模型、BP 神经网络算法预测等方面有所探索。本节在现有较为成熟的大数据处理技术的基础上，充分融入了前期物资领用机理，并进一步跟踪需求预测应用，相比传统纯数据模型而言，进一步强化了预测模型的泛化能力和预测精度。AI 技术可以分析大量的历史数据，包括销售数据、市场趋势、季节性因素等，以更准确地预测未来的需求。这将有助于企业制订更加合理的生产和采购计划，减少库存积压和缺货现象。库存优化是供应链管理中至关重要的一个环节，而 AI 技术的应用为库存优化带来了革命性的变化。通过实时分析销售数据、供应链数据等，AI 技术能够帮助企业更加准确地估计需求，并自动调整库存水平，从而显著降低库存成本，提高库存周转率。AI 算法可以通过分析历史销售数据、市场趋势、季节性因素、促销活动等多种变量，来预测未来的产品需求。这种预测的准确性远高于传统方法，能够帮助企业制订更加精准的库存计划。AI 系统能够实时追踪销售数据、库存水平、订单状态等信息，结合供应链数据，为企业提供实时的库存状态报告。这使得企业能够及时调整库存策略，避免库存积压或缺货现象。基于 AI 的自动补货系统能够根据销售预测和库存水平，自动触发补货请求。这不仅可以减少人工干预，降低错误率，还能确保库存水平始终保持在最佳状态。AI 技术可以构建复杂的库存优化模型，考虑多种因素如成本、服务水平、响应时间等，以找到最佳的库存水平。这些模型可以根据企业的具体需求进行定制，帮助企业实现库存成本的最小化。

通过准确的需求预测和自动补货系统，企业可以避免库存积压和浪费，从而降低库存成本。最佳的库存水平可以确保产品始终保持在最佳状态，减少滞销和过期产品的数量，提高库存周转率。通过确保产品始终可用，企业可以满足客户的需求，提高客户满意度和忠诚度。AI 技术的应用可以自动化完成许多烦琐的库存管理工作，提高运营效率，使企业能够更专注于核心业务。AI 技术在库存优化中的应用为企业带来了显著的好处，包括降低库存成本、提高库存周转率、提高客户满意度和运营效率等。随着技术的不断进步和应用场景的不断拓展，AI 将在库存优化中发挥更加重要的作用。物流优化是供应链管理中至关重要的一环，它涉及货物从起点到终点的有效、高效流动。AI 技术在物流优化中的应用已经变得日益普遍，它通过分析路线、交通情况等信息，为物流运输提供最佳方案，并在运输过程中不断学习和调整，以提高物流效率和准时率。AI 系统可以实时收集和分析交通数据，包括路况、事故、拥堵等信息，为运输车辆提供最优的行驶路线。这不仅可以减少行驶时间和距离，还可以降低燃油消耗和运输成本。AI 技术可以分析运输设备的运行数据，预测可能出现的故障，并提前安排维护计划。这样可以减少设备故障导致的延误和损失，提高物流运输的可靠性和稳定性。AI 算法可以根据订单需求、车辆状态、司机工作时间等信息，智能调度运输车辆和司机，确保货物能够按时送达。这种智能调度可以减少空驶和等待时间，提高运输效率。AI 技术可以辅助进行货物的智能装载，根据货物的形状、重量、体积等信息，自动规划装载方案，确保货物在运输过程中的稳定性和安全性。AI 系统具有学习和适应的能力。在运输过程中，AI 系统可以不断收集和分析数据，优化运输方案，提高物流效率和准时率。这种学习和适应的能力使得 AI 技术在物流优化中具有很大的潜力。

通过实时路线规划、智能调度和智能装载等技术，AI 技术可以显著提高物流运输的效率，减少运输时间和成本。AI 技术可以根据订单需求、车辆状态和司机工作时间等信息，智能调度运输车辆和司机，确保货物能够按时送达，提高准时率。通过预测性维护和智能装载等技术，AI 技术可以降低物流运输中的风险，减少设备故障和货物损坏的可能性。AI 技术可以根据实时数据和预测结果，优化运输资源的利用，如合理安排车辆和司机的工作时间，减少空驶和等待时间等。AI 技术在物流优化中的应用为企业带来了显著的好处，包括提高物流效率、提高准时率、降低风险和优化资源利用等。随着技术的不断进步和应用场景的不断拓展，AI 将在物流优化中发挥更加重要的作用。AI 技术可以通过分析路线、交通情况等信息，为物流运输提供最佳方案，并在运输过程中不断学习和调整，以提高物流效率和准时率。AI 技术在风险管理中具有显著的应用价值，特别是在供应链风险管理中。通过智能感知和预测，AI 技术可以帮助企业识别和预测供应链中的潜在风险，如供应商破产、自然灾害等，并提前采取相应的应对措施，从而降低风险对企业的影响。AI 技术能够综合历史与实时数据，通过大数据分析和机器学习算法，预测风险并持续监测其变化。这种能力使企业能够更准确地了解供应链中的风险点，AI 技术可以实时追踪和监控供应链中的各个环节，如供应商的生产状况、物流运输情况等。通过对这些数据的智能感知和预测，AI 技术能够提前发现潜在的风险因素，如供应商破产、自然灾害等。一旦发现潜在风险，AI 系统就会立即触发预警机制，推送定制化的风险报告至相关责任人。这些报告将详细说明可能受影响的供应链环节、预计损失程度以及建议的应急响应措施，如调整采购节奏、储备关键物资、优化运输路线等。AI 技术可以通过集成各类公开数据源（如企业信用报告、新闻舆情、社交媒体、行业评价等）和内部数据（如采购记录、交货绩效、质量投诉等），构建全面的供应商信誉评估模型。这有助于企业更准确地评估供应商的稳定性，降低因供应商问题导致的供应链风险。AI 技术通过模仿人类的决策过程实现自动化决策，减少了人为干扰，提高了决策和交易效率与准确性，降低了错误风险。这使得企业在应对供应链风险时能够更快地作出决策，减少损失。

AI 技术在风险管理中的应用为企业提供了更加全面、准确和高效的解决方案。通过实时监测、预测和评估供应链中的潜在风险，企业能够提前制定相应的应对措施，降低风险对企业的影响，确保供应链的稳定性和可靠性。AI 技术可以帮助企业识别和预测供应链中的潜在风险，如供应商破产、自然灾害等，并提前采取相应的应对措施，降低风险对企业的影响。

（二）物联网（IoT）的定义及应用

1. 物联网的定义

物联网（Internet of Things，IoT）起源于传媒领域，被视为信息科技产业的第三次革命。它是指通过信息传感设备，按约定的协议，将任何物体与网络相连接，使这些物体能够通过信息传播媒介进行信息交换和通信，以实现智能化识别、定位、跟踪、监管等功能。物联网技术的主要特点包括广泛的连接性、多源异构数据的处理、实时性和即时性等。通过感应器对患者进行智能化的管理，医疗智能穿戴设备可以检测记录患者的心率、血压等，方便本人或者医生查看。物联网技术可以提高资源利用率，降低资源损耗，如在水、电、太阳能、垃圾箱等设备中的应用。智慧建筑可以节约资源，降低工作人员的运维管理，例如应用在消防安全检测、智慧电梯轿厢等方面。物联网技术让家更加舒适、安全、高效，比如扫地机器人等智能家居设备的应用。现代农业通过和物联网技术的紧密结合，可以实现数据的可视化分析、远程操作和灾害预警等，提高农业生产的精确性。

2. 物联网的应用

物联网设备还将在流行病预防、智能家庭办公室、边缘计算、智慧零售等领域发挥重要作用。例如，物联网设备将由流行病学家和公共卫生机构使用，以更准确地跟踪感染的传播并防止类似的大流行再次发生；在智能家庭办公室中，环境控制、智能照明、智能电器和能源管理设备等将大大有助于提高家庭生活的舒适性和可持续性。随着社会对物联网关注度的不断提升，物联网技术的应用场景将不断丰富和多样化，市场潜力将进一步被激发。物联网产业正在逐步走向成熟，对各行各业的发展都将产生深远影响。

物联网技术可以通过各种传感器和设备实时收集供应链中的数据，如产品的位置、状态、温湿度等。这将有助于企业实时掌握供应链的运作情况，作出更加精准的决策。物联网技术可以实现对供应链的智能监控，如智能仓库管理、智能物流追踪等。这将有助于提高供应链的透明度和可追溯性，降低信息不透明带来的风险。物联网技术在智能监控方面的应用确实为供应链管理带来了革命性的变化。在智能仓库管理方面，物联网技术通过传感器、RFID（射频识别）标签、摄像头等设备，实时追踪和监控仓库内的货物状态、位置、数量等信息。这使得仓库管理人员能够随时了解库存情况，及时调整库存策略，提高库存周转率。同时，物联网技术还可以实现仓库内设备的自动化管理和预防性维护，降低设备故障率，提高仓库运营效率。在智能物流追踪方面，物联网技术通过 GPS 定位、传感器等技术，实时追踪和监控货物的运输状态、位置、速度等信息。这使得物流企业能够随时了解货物的运输情况，及时调整运输计划，确保货物按时到达。物联网技术还可以实现对货物的温度、湿度等环境参数的实时监控，确保货物在运输过程中的质量和安全。

通过物联网技术实现智能监控，我们可以实现供应链的全程可视化管理。这不仅提高了供应链的透明度和可追溯性，还有助于企业及时发现和解决潜在问题，降低风险。同时，智能监控可以帮助企业优化库存策略、提高运输效率、降低运营成本等，从而提高整个供应链的竞争力。物联网技术在预测性维护方面的应用，确实为企业带来了显著的好处。通过分析设备的运行数据，物联网技术能够预测设备的故障时间和原因，并据此提前进行维护。这种维护方式相比于传统的响应式或预防性维护，具有更高的效率和准确性。

根据实际设备条件而不是根据设定的时间表安排维护，可以最大限度地减少计划外停机时间，并保持设备平稳运行。这有助于提高生产效率和设备利用率。预测性维护通过在潜在问题发生之前发现它们，有助于避免昂贵的维修。据 McKinsey 称，预测性维护可将工厂设备相关费用减少高达 40%。监控设备状况，可以更容易地识别潜在危险，并在事故发生前采取措施加以预防。这有助于降低安全风险，保护员工和企业的财产安全。确保设备得到正确维护，可以最大限度地减少缺陷并提高产品质量。这有助于提升企业的品牌形象和市场竞争力。由于维修和更换零件的需求减少，预测性维护有助于节约资源和减少对环境的影响。这符合可持续发展的要求，有助于企业实现绿色生产。在实施预测性维护时，物联网技术可以通过多种监测方式收集设备的运行数据，如超声波监测、振动监测、红外热成像、电流监测、温度监测和油液分析等。其中，振动监测是主要的设备预测性维护方式之一，因为它能在不拆卸设备的情况下判断设备早期故障并确定故障部位。

物联网技术在预测性维护方面的应用为企业带来了诸多好处，包括提高生产效率、降低维护成本、提高安全性、提高产品质量和环境效益等。随着技术的不断发展和完善，预测性维护将在未来发挥更加重要的作用。物联网技术可以通过分析设备的运行数据，预测设备的故障时间和原因，并提前进行维护。这将有助于降低设备故障对企业生产的影响，提高生产效率和设备利用率。

（三）区块链

1. 区块链的定义

区块链（Blockchain）是一种块链式存储、不可篡改、安全可信的去中心化分布式账本。它结合分布式存储、点对点传输、共识机制、密码学等技术，通过不断增长的数据块链（Blocks）记录交易和信息，确保数据的安全性和透明性。区块链最初由中本聪（Satoshi Nakamoto）在 2008 年提出，作为比特币的底层技术。区块链的特点包括去中心化、不可篡改、透明、安全和可编程性。每个数据块都链接到前一个块，形成连续的链，保障了交易历史的完整性。智能合约技术使区块链可编程，支持更广泛地应用。区块链中的交易包含有关交易参与者、资产和其他相关信息的记录。节点通过验证交易的有效性，包括验证交易的数字签名和双重支付等问题。只有通过验证的交易才能进入待处理交易池。在区块链中，一定数量的交易会被打包成一个区块。这个过程需要大量的计算资源，防止恶意节点篡改数据。当一个节点成功解决了工作量证明的问题后，它会将打包好的区块广播给整个网络。其他节点收到区块后，会验证区块的有效性，并且确认区块中的交易没有任何冲突或篡改。一旦新的区块被验证和接受，它就会被添加到区块链的末尾，并且成为下一个区块的前一个区块。这样，区块链会不断延伸下去，形成一个越来越长的链。

区块链在金融、供应链、医疗、不动产等领域得到广泛应用。例如，在支付和现金交易中，区块链通过自身去中心化的优势为交易创建一个更直接的支付流，它可在国内或跨国界，并且无需中介，以超低费率几乎瞬时的方式支付。在银行业，区块链作为一种数字化的、安全的以及防篡改的总账账簿可以达到与银行相同的功效。

随着国家级区块链网络的加速织密，区块链技术正在不断赋能金融、贸易等国家关键领域的数据要素安全、可信流转和共享，加快形成推动国家数字经济高质量发展的新质生产力。区块链与隐私计算技术构建起了数据安全可信体系，有助于释放医疗数据价值，改善医疗信任生态等。

2. 区块链技术对供应链发展的影响

区块链具有去中心化、数据难以篡改的特点，如果以联盟链来设计供应链，那么所有的信息都将储存在区块之中，哈希算法实现供应链信息的加密，那么供应链上所有信息都将被加密记录，一旦产品质量出现问题或者产生纠纷，就可以实现产品溯源、使用智能合约或者共识算法等手段确定责任方，确定解决对策。“区块链＋供应链”的模式可以很好地解决供应链信息不对称问题，供应链任何一个环节的信息都能被合法访问，信息会在供应链之中流通起来，信息不对称问题会被彻底解决。而且在这一过程中，与供应链无关的、涉及企业或者个人隐私的信息将被保护起来，企业或个人能够在安全的信息环境中实现价值交换。“区块链＋供应链”的模式基于去中心化、开放性、独立性、安全性、匿名性的特点，可以实现资源的优化配置，可以帮助企业根据外部市场的变化迅速调整库存、目标市场等，根据需求和供给的变化做出策略调整。

区块链技术通过分布式账本记录交易信息，使得供应链上的每一个环节都可以被追溯和验证。这大大提高了供应链的透明度，使得企业能够更清晰地了解产品的来源、生产、运输等全过程。这也有助于消费者了解产品的详细信息，提高消费者对产品的信任度。区块链技术具有不可篡改和去中心化的特点，这使得供应链上的信息更加可靠和安全。企业可以通过区块链技术建立信任机制，减少欺诈和违规行为。此外，区块链技术还可用于验证产品的真伪和防止假冒伪劣产品的出现，保护消费者的权益。区块链技术可以整合供应链上的各个环节，实现信息的实时共享和协同管理。这有助于企业更准确地预测市场需求和库存情况，优化生产计划和物流配送，降低库存成本和运输成本。同时，区块链技术还可以提高供应链的灵活性和响应速度，应对突发事件和市场变化。区块链技术可用于构建基于供应链的金融生态系统，实现供应链上下游企业之间的融资和结算。这有助于降低融资成本和提高资金利用效率，同时有助于缓解中小企业融资难的问题。区块链技术还可用于建立信用体系，提高供应链的信用水平。

区块链技术对供应链发展具有积极的影响，可以提高供应链的透明度、信任度和安全性，优化供应链管理，推动供应链金融的发展。随着技术的不断发展和应用，区块链技术将在供应链领域发挥更加重要的作用。关于区块链技术对供应链影响的研究，一些学者定性分析了区块链技术在供应链中的应用和价值。上述研究主要关注了区块链技术的应用在供应链运营中所带来的效益，但还存在两方面不足：首先，已有研究并未考虑区块链技术的投资策略，也鲜有将电商销售模式的选择同区块链技术投资策略结合起来；其次，已有研究缺少对政府补贴的考虑，将政府补贴同区块链技术相结合的探讨是有限的。本书以当前研究的不足为切入点，通过构建政府、供应商和电商平台三方的博弈模型，研究了两种电商销售模式和两种区块链投资策略之间的相互关系，为政府的补贴政策，以及电商企业对区块链技术的投资策略和销售模式选择提供了参考依据，从而推动电商行业的数字化转型和区块链产业的高质量发展。本书以区块链技术的投资努力水平为决策变量，定量分析不同模式下电商平台和供应商的最优投资努力水平；考虑两种销售模式和两种区块链技术投资策略的联合优化；将政府作为博弈的主导者，研究了政府关于投资补贴率的决策问题，探讨了政府政策如何影响供应商和电商平台的最优决策。

二、智能化、自动化与绿色化：未来供应链的三种革新趋势

智能化、自动化和绿色化是未来供应链发展的三大重要趋势，这些趋势将共同推动供应链行业的持续进步和创新，为企业带来更加高效、可靠、环保的供应链解决方案。

（一）智能化

供应链智能化是指通过信息技术和数据分析技术，对供应链中的各种信息和流程进行智能化处理和优化，以提高预测准确性、响应速度，并降低风险和成本。这包括利用人工智能（AI）、机器学习、物联网（IoT）等先进技术进行需求预测、库存管理、运输优化等。AI 技术可以深度分析历史销售数

据、市场趋势、消费者行为等多维度信息，建立精准的预测模型，帮助企业预测未来需求，并据此调整生产计划和库存管理策略。通过实时数据分析，智能化系统可以自动调整库存水平，确保库存处于最佳状态。这既可以避免库存积压导致的资金占用，又可以防止库存不足导致的销售损失。利用 AI 和物联网技术，可以实时监控货物的位置和状态，优化运输路线和调度计划，降低运输成本，提高运输效率。这些技术还可以预测运输过程中的潜在风险，提前采取措施进行防范。通过大数据分析，智能化系统可以为供应链管理者提供全面的决策支持，包括供应商选择、采购策略、定价策略等，帮助企业作出更加科学、合理的决策。智能化技术，企业可以更加准确地预测市场需求，从而避免生产过剩或库存不足的问题。智能化系统可以实时处理和分析数据，帮助企业快速响应市场变化，满足客户需求。通过实时监控和预测分析，企业可以及时发现潜在风险并采取措施进行防范，从而降低供应链中断的风险。智能化技术还可以帮助企业优化库存管理、运输调度等流程，降低运营成本。智能化技术可以提高供应链的透明度和可追溯性，让客户更加了解产品的来源和生产过程。同时，快速响应客户需求也可以提高客户满意度和忠诚度。

供应链智能化是未来供应链发展的重要趋势之一。通过应用先进的信息技术和数据分析技术，企业可以打造更加智能、高效、绿色、可持续的供应链体系，提高市场竞争力。随着这些技术的应用，供应链将变得更加智能和高效。

（二）自动化

自动化在供应链中的应用极大地提高了供应链的效率和准确性，为企业带来了诸多好处。货物搬运、分拣和包装，使用自动化设备和机器人，可以极大地减少人工操作，提高搬运、分拣和包装的效率和准确性。这不仅可以降低人工成本，还可以减少人为错误，提高整体运营效率。自动化流程管理系统可以实现订单处理、库存管理和运输调度的自动化。通过集成各种自动化设备和软件，系统可以自动处理订单、更新库存信息、规划运输路线等，大大提高了供应链的响应速度和准确性。它还可以实现对供应链中各种数据的实时监测和分析。例如，通过物联网（IoT）技术，系统可以实时监控货物的位置和状态，确保货物在运输过程中的安全和可靠。同时，通过对实时数据的分析，企业可以及时发现潜在问题并采取措施，进一步提高供应链的稳定性和可靠性。自动化仓库是自动化技术在供应链中的另一个重要应用。通过采用自动化货架、堆高机、搬运机器人等设备，可以实现仓库内货物的自动存储、拣选和搬运。这不仅提高了仓库的存储密度和拣选效率，还降低了人力成本和错误率。随着无人驾驶技术的发展，自动驾驶运输车和无人机等自动化设备已经开始在物流配送领域得到应用。这些设备可以实现自动导航、自动避障和自动配送等功能，大大提高了配送的效率和准确性。

自动化技术的应用为供应链带来了诸多好处，包括提高效率和准确性、降低成本和错误率等。随着技术的不断进步和应用范围的扩大，自动化将在供应链中发挥越来越重要的作用。自动化技术的应用将进一步提高供应链的效率和准确性。这包括使用自动化设备和机器人进行货物搬运、分拣和包装等任务，以及通过自动化流程管理系统实现订单处理、库存管理和运输调度的自动化。自动化不仅可以降低人工成本，还可以提高工作精度和效率，减少人为错误和延误。随着自动化技术的不断发展，未来还将出现更多创新的自动化解决方案，以满足供应链领域的不同需求。

（三）绿色化

绿色化在供应链中扮演着越来越重要的角色，这是随着全球环保意识的不断增强以及各国政府环保政策的不断加强而逐渐形成的趋势。企业在供应链中尽可能选择可再生、可循环使用的环保材料，减少对自然资源的消耗，减轻对环境的压力。同时，这也有助于企业降低生产成本，提高产品的市场竞争力。在供应链的生产、运输等环节中，企业采取节能措施，使用高效节能设备，优化生产工艺，减少能源消耗和污染物排放。这不仅有助于企业降低运营成本，还有助于提高环境质量，提高企业的社会责任感和品牌形象。企业通过优化运输路线，减少运输距离和次数，降低运输过程中的能源消耗和排放。此外，企业还可以选择使用环保型运输工具，如电动车、氢能源车等，进一步降低对环境的影响。采用可降解、可回收的环保包装材料，减少包装废弃物对环境的影响。同时，企业还可以推广简约包装，减少包装材料的使用量，降低生产成本。

供应链绿色化不仅有助于企业降低运营成本、提高市场竞争力，还有助于企业履行社会责任、树立品牌形象。随着全球环保意识的不断增强和各国政府环保政策的不断加强，绿色化将成为供应链发展的必然趋势。企业需要积极应对这一挑战，加强绿色供应链管理，推动供应链绿色化发展。随着环保意识的不断增强，绿色化已成为供应链发展的重要趋势。这包括采用环保材料、减少能源消耗和排放、优化运输路线等措施，以降低对环境的影响。随着各国政府环保政策的不断加强，绿色化也将成为企业必须面对的挑战和机遇。

在未来供应链的发展中，智能化、自动化和绿色化将相互促进、相互融合，共同推动供应链行业的创新和进步。随着技术的不断发展和应用，未来供应链还将面临更多新的挑战和机遇，需要企业不断学习和适应新的变化和发展趋势。科技的不断进步和全球环保意识的增强，未来供应链的发展将呈现智能化、自动化和绿色化三大趋势，它们将相互促进、相互融合，共同推动供应链行业的创新和进步。智能化将利用先进的信息技术和数据分析技术，对供应链中的各个环节进行精准预测和优化，提高供应链的效率和准确性。人工智能（AI）和机器学习技术将帮助企业更好地分析市场趋势、消费者需求以及供应链中的潜在风险，从而制定更为科学、合理的供应链策略。自动化技术的应用将进一步降低人工成本，提高供应链的操作效率和精度。自动化设备和机器人将承担更多的货物搬运、分拣、包装等任务，而自动化流程管理系统则可以实现订单处理、库存管理和运输调度的自动化。这将大大提高供应链的响应速度和准确性，为企业创造更多价值。绿色化则是应对全球环境挑战的重要方向。企业将采取环保材料、减少能源消耗和排放、优化运输路线等措施，以降低供应链对环境的影响。这不仅有助于企业降低运营成本，提高市场竞争力，还有助于企业履行社会责任，树立品牌形象。

智能化、自动化和绿色化将相互交织、相互促进，共同推动供应链行业的创新和进步。例如，数字化转型、区块链技术、物联网（IoT）等新技术的发展将为供应链带来更多可能性；全球贸易形势的变化、消费者需求的多样化等也将对供应链提出新的要求。企业需要不断学习和适应新的变化和发展趋势，积极拥抱新技术、新模式，加强供应链管理和优化，提高供应链的效率和灵活性，以应对未来供应链发展的挑战和机遇。

电子商务趋势对供应链管理的影响

在信息化和全球化的浪潮中，电子商务已成为推动经济增长和商业模式创新的重要引擎。随着消费者行为的转变、技术的不断进步以及市场竞争的加剧，电子商务领域正展现出前所未有的发展趋势。这些趋势不仅重塑了消费者的购物体验，也对供应链管理的每一个环节产生了深远的影响。本节将深入探讨电子商务趋势对供应链管理的影响，分析电子商务如何推动供应链管理的变革和创新，以及供应链管理者应如何应对这些挑战并抓住发展机遇。通过深入研究和实践，我们相信电子商务与供应链管理的融合将为企业创造更大的价值，推动整个行业的持续发展。

一、电子商务发展趋势分析

（一）智能化

随着科技的飞速进步，特别是人工智能（AI）和机器学习等前沿技术的蓬勃发展，电子商务领域正迎来前所未有的智能化变革。这种智能化不仅体现在商品推荐上，更是贯穿于整个电子商务流程的各个环节，从用户服务到物流配送，都将在智能化的驱动下实现更高效、更个性化的体验。智能推荐系统是电子商务智能化的一个显著体现。这些系统能够基于用户的购物历史、浏览记录、搜索习惯等多维度数据，进行深度挖掘和分析，从而为用户精准推荐符合其兴趣和需求的商品。这不仅极大地提升了用户的购物体验，也增加了平台的转化率和用户黏性。在客户服务方面，智能客服机器人正在逐步取代传统的人工客服，为用户提供24小时不间断在线服务。这些机器人通过自然语言处理技术，能够理解用户的意图和问题，并给出相应的解答和建议。在解决常见问题方面，智能客服机器人不仅响应速度快，而且准确性高，大大提高了服务效率。在物流配送环节，智能化也发挥了重要作用。通过引入物联网（IoT）技术，物流企业可以实时监控货物的位置和状态，确保货物安全、准时送达。利用大数据和机器学习算法，物流企业还可以对运输路线、仓储布局等进行优化，进一步提高物流效率，降低运营成本。智能化的电子商务还体现在为用户提供更加个性化的服务上。无论是商品推荐、客户服务还是物流配送，都可以根据用户的个人喜好和需求进行定制。这种个性化的服务不仅能够提高用户的满意度和忠诚度，也有助于电子商务平台在竞争激烈的市场中脱颖而出。

智能化已经成为电子商务发展的重要趋势。随着技术的不断进步和应用场景的不断拓展，电子商务的智能化水平将越来越高，为用户带来更加便捷、高效、个性化的购物体验。随着人工智能（AI）和机器学习等技术的不断发展，电子商务将越来越智能化。智能推荐系统可以根据用户的购物历史、浏览记录等信息，为用户推荐个性化的商品，提高购物体验和满意度。智能客服、智能物流等也将成为电子商务的重要组成部分，提高服务效率和用户满意度。

（二）自动化

从自动化仓储系统到自动化支付和订单处理，这些技术正逐步渗透到电子商务的各个环节，为用户带来更加便捷、高效的购物体验。自动化仓储系统是电子商务物流自动化的关键。通过引入机器人技术、传感器和物联网（IoT）等技术，这些系统可以自动完成货物的存储、拣选、打包等工作，大大减少了人力成本，提高了物流效率。自动化仓储系统还能实时监控库存状态，确保货物及时、准确地送达消费者手中。在支付环节，自动化技术的应用也越来越广泛。通过集成各种支付方式和算法，自动化支付系统可以自动完成支付流程，减少人工干预和错误。自动化支付还能提高支付安全性，降低欺诈风险，为消费者提供更加安全、便捷的支付体验。自动化订单处理系统是电子商务自动化的又一重要体现。这些系统能够自动接收、处理和分析订单信息，根据库存和物流情况自动分配订单，并生成相应的发货指令。自动化订单处理不仅提高了订单处理效率，还能减少人为错误和延误，提高客户满意度。在配送环节，自动化技术同样发挥着重要作用。通过智能调度系统，电子商务平台可以实时掌握车辆、司机和货物的位置信息，优化配送路线，提高配送效率。电子商务平台结合物联网技术，可以实现货物在途跟踪和异常预警，确保货物安全、准时送达。

自动化技术是电子商务发展的重要趋势之一。随着技术的不断进步和应用场景的不断拓展，电子商务的自动化水平将越来越高，为用户带来更加便捷、高效的购物体验。同时，自动化也将推动电子商务行业的转型升级，促进整个行业的可持续发展。自动化技术在电子商务中的应用将越来越广泛。例如，自动化仓储系统可以自动完成货物的存储、拣选、打包等工作，提高物流效率。自动化支付、自动化订单处理等技术也将逐步普及，进一步提高电子商务的自动化水平。

（三）数字化

电子商务作为互联网时代的产物，其进一步向数字化方向发展已成为不可逆转的趋势。数字化管理、数字化营销、数字化服务等将成为电子商务的重要特征，推动商家更加高效地利用数字化工具进行商品展示、营销推广和客户服务，从而提高数字化营销的效果和用户黏性。数字化管理为电子商务企业提供了更高效、更精确的管理手段。通过数字化工具，企业可以实时追踪库存状态、订单处理情况、财务收支等信息，实现对业务运营的全面掌控。数字化管理还能帮助企业优化流程、减少浪费，提高整体运营效率。数字化营销是电子商务企业获取客户、推广商品的关键环节。通过利用搜索引擎优化（SEO）、社交媒体营销（SMM）、内容营销（Content Marketing）等数字化手段，企业可以更加精准地定位目标用户，实现个性化的营销推广。同时，数字化营销还能帮助企业实时监测营销效果，根据数据分析进行策略调整，提高营销效果和用户转化率。在客户服务方面，数字化也发挥着越来越重要的作用。通过在线客服系统、智能客服机器人等技术手段，企业可以为客户提供 24 小时不间断的在线服务，解答客户疑问、处理客户问题。企业还可以利用数据分析工具对客户需求进行深度挖掘，提供更加个性化的服务方案，提高客户满意度和忠诚度。数字化商品展示为电子商务企业提供了更多元化的展示方式。通过高清图片、3D 模型、视频演示等数字化手段，企业可以更加生动地展示商品特点、功能和使用场景，提高消费者的购买欲望。同时，数字化商品展示还能帮助消费者更好地了解商品详情，降低购买风险。

数字化已成为电子商务的核心驱动力。随着技术的不断进步和应用场景的不断拓展，电子商务的数字化水平将越来越高，为企业带来更多机遇和挑战。企业需要紧跟时代步伐，积极拥抱数字化浪潮，不断提升自身竞争力。电子商务将进一步向数字化方向发展。数字化管理、数字化营销、数字化服务等将成为电子商务的重要特征。商家将更多地利用数字化工具进行商品展示、营销推广、客户服务等，提高数字化营销的效果和用户黏性。

（四）跨境交易

跨境电子商务在全球化的背景下正迎来前所未有的发展机遇。随着物流技术的提升和国际贸易环境的改善，跨境交易为中国电子商务市场带来了更多的贸易及投资机会，极大地扩展了中国商家的销售渠道。跨境电子商务的市场规模正在持续增长。随着全球消费者对海外商品的需求增加，中国作为世界上最大的电商市场之一，将吸引更多的国际商家入驻。同时，中国商家也将通过跨境电商平台，将商品销售到全球各地，实现市场的全球化布局。平台将完善服务，提高购物体验和物流效率；加强品牌建设，提高用户信任度；优化购物流程，提高用户购物体验；加强物流合作，提高配送速度和准确性。跨境电商市场的竞争加剧，平台和企业将更加注重本地化运营策略。这包括在目标市场建立仓储和物流设施，以缩短配送时间并提高服务质量；深入了解当地消费者需求和习惯，以提供更加符合市场需求的商品和服务；加强与当地合作伙伴的合作，共同开拓市场。在跨境电商的全球扩张过程中，各国法律法规的不同增加了企业的经营难度。因此，合规经营和知识产权保护将成为跨境电商的重要议题。企业需要了解并遵守目标市场的法律法规，确保合规经营；加强知识产权保护，防止侵权和盗版行为的发生。随着物流科技的迅猛发展，智能物流系统将在跨境电商中发挥越来越重要的作用。人工智能、大数据、物联网等技术将被广泛应用于物流管理，实现更加精准、高效的全球货物运输。这将大大提高跨境电商的物流效率，降低运营成本。社交电商和虚拟现实（VR）技术将在跨境电商中发挥重要作用。通过社交媒体平台，企业可以更主动地与消费者进行互动，借助社交分享和口碑传播提高产品曝光度。VR 技术可以为消费者提供更加真实的购物体验，提高购物满意度和转化率。

跨境电子商务在全球化的背景下将迎来更广阔的发展空间。通过不断完善跨境电商平台、加强本地化运营策略、合规经营和知识产权保护、应用智能物流系统以及社交电商和 VR 技术等手段，中国电子商务市场将更好地融入全球市场，实现更加繁荣的发展。随着全球化的推进和物流技术的提升，跨境电子商务正逐渐成为电子商务市场的重要组成部分。国际市场将给中国电子商务带来更多贸易及投资机会，更大地扩展中国商家的销售渠道。跨境电商平台也将不断完善服务，提高购物体验和物流效率。

（五）社交电商

社交电商以社交媒体为平台，通过社交关系链上的推荐和分享，将用户引流到商品页面，从而实现购买转化。社交电商将逐渐成为电子商务的一种重要模式，其用户黏性和转化率较高，有望在未来几年内实现快速增长。社交电商作为电子商务领域的一种新兴模式，正以其独特的优势逐渐崭露头角。它利用社交媒体平台，通过社交关系链上的推荐和分享，将用户引流到商品页面，进而实现购买转化。社交电商的核心优势在于其强大的用户黏性和高转化率。通过社交媒体平台，用户可以轻松地与亲朋好友分享购物心得、推荐优质商品，这种基于信任的推荐往往更具说服力，能够有效地激发用户的购买欲望。社交电商还通过积分、优惠券等激励手段，增加用户的参与度和忠诚度，进一步提高转化率。在社交电商中，内容营销扮演着至关重要的角色。优质的内容能够吸引用户的注意力，提高用户对商品的认知度和兴趣度。因此，社交电商平台需要在内容创作上投入更多精力，通过短视频、直播、图文等多种形式，向用户展示商品的特色和优势，传递品牌文化和价值观。社交电商注重购物体验的社交化。通过社交媒体平台，用户可以与其他购物者交流心得、分享购物经验，形成一种互动式的购物体验。这种体验不仅增加了购物的乐趣，还能够帮助用户更好地了解商品，降低购买风险。因此，社交电商平台需要不断优化购物流程，提高用户参与度和满意度。随着大数据和人工智能技术的不断发展，社交电商平台能够更好地理解用户需求和喜好，实现个性化推荐和服务。通过分析用户的购物历史、浏览记录等信息，平台可以为用户推荐更符合其需求的商品和服务，提高用户满意度和忠诚度。随着社交电商市场的不断扩大，合规经营和监管问题也日益凸显。社交电商平台需要遵守相关法律法规，保护用户权益和数据安全。政府也需要加大对社交电商市场的监管力度，打击虚假宣传、售假等违法行为，维护市场秩序和公平竞争。

社交电商作为一种新兴的电子商务模式，具有巨大的发展潜力和市场前景。随着技术的不断进步和市场的不断完善，社交电商正逐渐成为电子商务领域的重要力量。电子商务的发展将呈现智能化、自动化、数字化、跨境交易、社交电商等多种趋势。这些趋势将共同推动电子商务行业的创新和进步，为消费者带来更加便捷、高效、安全的购物体验。未来，电子商务将继续发展壮大，成为推动全球经济发展的重要力量。

二、电子商务趋势对供应链管理策略、流程和工具的影响

（一）供应链管理策略

电子商务使得供应链更加透明和高效。企业可以通过电子商务平台实时跟踪订单、库存和物流信息，从而更好地管理供应链。企业可以通过电子商务平台与全球供应商和客户进行交易，从而扩大市场份额和降低成本。电子商务平台为企业提供了实时跟踪订单、库存和物流信息的手段，使供应链管理变得更加透明。这种透明度使得企业能够实时监控供应链的各个环节，及时发现并解决潜在问题。通过电子商务平台，企业能够优化订单处理流程，减少人工干预，提高订单处理效率。自动化的库存管理系统可以确保库存水平的准确性，降低库存成本。电子商务打破了地域限制，使得企业能够轻松地与全球供应商和客户进行交易。企业可以通过电子商务平台寻找更优质的供应商，降低采购成本；也可以将产品销往更广阔的市场，扩大销售份额。在全球化的背景下，企业需要更加关注跨国供应链的协同和管理。通过电子商务平台，企业可以与全球供应链合作伙伴实现信息共享和协同工作，提高整个供应链的响应速度和效率。随着消费者需求的不断变化，企业需要能够快速响应市场变化并调整供应链策略。电子商务为企业提供了更加灵活的销售渠道和更广泛的市场覆盖，使得企业能够更快地捕捉市场需求变化并作出相应调整。为了提高供应链的柔性和灵活性，企业可以采用多种供应链管理策略，如精益供应链管理、敏捷供应链管理等。这些策略可以帮助企业快速适应市场变化，提高供应链的灵活性和竞争力。电子商务环境下的供应链面临着更多的风险和挑战，如供应商违约、物流延误、市场波动等。企业需要加强风险管理，确保供应链的稳定性和可靠性。企业可以通过建立供应商评估体系、制定应急预案、加强物流监控等手段来降低供应链风险。企业也可以利用电子商务平台进行数据分析和预测，及时发现并应对潜在风险。电子商务使得企业与客户之间的沟通更加便捷和高效。企业需要注重客户关系管理，提高客户满意度和忠诚度。

通过电子商务平台收集客户反馈和需求信息，企业可以更好地了解客户需求并调整供应链策略。同时，企业可以利用电子商务平台提供个性化的服务和产品推荐，提高客户满意度和忠诚度。电子商务对供应链管理策略产生了深远的影响。企业需要适应电子商务的发展趋势，调整供应链管理策略，提高供应链的透明度和效率、全球化程度、柔性和灵活性以及风险管理能力，

以应对日益激烈的市场竞争。

电子商务要求企业更加注重供应链的柔性和灵活性。随着消费者需求的不断变化，企业需要能够快速响应市场变化并调整供应链策略。

（二）供应链管理流程

电子商务简化了供应链管理流程。电子商务平台提供了强大的自动化功能，企业可以自动化处理订单、支付和物流等流程，这不仅提高了工作效率，还减少了人为错误，确保了供应链流程的准确性和可靠性。自动化处理还包括订单跟踪、库存管理和客户服务等方面。企业可以通过电子商务平台实时跟踪订单状态，自动调整库存水平，并提供及时的客户服务支持。电子商务推动了供应链的数字化和智能化进程。企业可以利用大数据、人工智能等技术对供应链数据进行挖掘和分析，以优化供应链流程和提高预测准确性。数字化和智能化可以帮助企业更好地预测市场需求，制订合理的生产计划，优化库存和物流管理等。通过智能算法和数据分析，企业可以更快速地响应市场变化，提高供应链的灵活性和竞争力。电子商务要求企业更加注重供应链的协同和整合。企业需要与供应商、物流公司、客户等各方紧密合作，共同构建高效、协同的供应链网络。协同和整合意味着企业需要在供应链中建立更加紧密的合作关系，实现信息共享和协同工作。通过与供应商建立紧密的合作关系，企业可以确保供应链的稳定性和可靠性；与物流公司合作，可以优化物流运输和提高配送效率；与客户合作，可以更好地了解市场需求和提供个性化的服务。电子商务平台使得企业能够实时监控供应链的各个环节，包括订单状态、库存水平、物流运输等。这使得企业能够及时发现并解决问题，确保供应链的顺畅运行。企业还可以根据实时监控的数据对供应链进行调整和优化。例如，企业根据销售数据和库存情况调整生产计划，优化库存结构；根据物流运输情况调整配送路线和方式，提高配送效率。电子商务还推动了供应链的可视化。通过电子商务平台，企业可以实时查看供应链的各个环节和流程，包括供应商、生产、仓储、物流等。供应链的可视化有助于企业更好地了解供应链的运作情况，发现潜在问题和风险，并采取相应的措施进行解决。这有助于企业提高供应链的透明度和可预测性，降低供应链风险。

电子商务对供应链管理流程产生了深远的影响。通过自动化处理、数字化和智能化、协同和整合、实时监控和调整以及供应链可视化等手段，企业可以优化供应链管理流程，提高供应链的效率和可靠性，从而应对日益激烈的市场竞争。电子商务推动了供应链的数字化和智能化。企业可以利用大数据、人工智能等技术来优化供应链流程，提高预测准确性和决策效率。电子商务要求企业更加注重供应链的协同和整合。企业需要与供应商、物流公司和客户等各方紧密合作，共同构建高效、协同的供应链网络。

（三）供应链管理工具

电子商务平台成为供应链管理的重要工具。企业可以利用电子商务平台进行订单管理、库存管理和物流跟踪等操作。在电子商务环境下，供应链管理工具的重要性日益凸显。电子商务平台已经成为供应链管理不可或缺的工具。企业可以利用这些平台实现订单管理、库存管理和物流跟踪等功能。通过电子商务平台，企业可以实时查看订单状态、处理订单、与供应商和客户进行交易，大大提高了供应链的响应速度和效率。电子商务平台还提供了强大的数据分析功能，帮助企业更好地理解市场需求、预测销售趋势，并据此调整供应链策略。ERP 系统在企业资源规划方面发挥着重要作用，尤其在电子商务时代得到了广泛应用。ERP 系统可以整合企业内部的各个部门，实现物料流、资金流和信息流的统一管理，为供应链管理提供全面支持。通过 ERP 系统，企业可以实时掌握库存情况、生产计划、采购需求等信息，确保供应链的顺畅运行。ERP 系统还提供了强大的报表和分析功能，帮助企业更好地了解供应链运作情况，发现问题并进行优化。CRM 系统在电子商务中扮演着重要角色，帮助企业更好地管理客户关系、提高客户满意度。通过 CRM 系统，企业可以收集、整理和分析客户信息，了解客户需求和偏好，从而提供更加个性化的产品和服务。CRM 系统还可以帮助企业实现销售自动化、客户服务自动化等功能，提高客户满意度和忠诚度。客户关系管理的优化有助于企业更好地与供应链中的客户合作，实现供应链的协同和整合。项目管理工具在供应链管理中也发挥着重要作用。这些工具可以帮助企业按照预定的成本、进度和质量完成项目。通过项目管理工具，企业可以制订详细的供应链项目计划，并实时监控项目的进展情况。当供应链中出现问题时，项目管理工具可以帮助企业快速定位问题所在，并采取相应的措施进行解决。项目管理工具的应用有助于提高供应链的可靠性和稳定性，确保供应链的顺畅运行。电子商务平台、ERP 系统、CRM 系统和项目管理工具等是电子商务环境下供应链管理的重要工具。这些工具的应用有助于提高供应链的透明度、效率和可靠性，降低供应链风险，从而帮助企业在激烈的市场竞争中保持竞争优势。进销存管理系统（ERP 系统）在电子商务时代得到了广泛应用。该系统可以对企业生产经营中的物料流、资金流进行全程跟踪管理，为供应链管理提供有力支持。客户关系管理系统（CRM 系统）在电子商务中也发挥了重要作用。该系统可以帮助企业收集、管理、分析和利用客户信息，从而更好地满足客户需求并提高客户满意度。项目管理工具在供应链管理中也得到了广泛应用。这些工具可以帮助企业按照预定的成本、进度和质量完成项目，并确保供应链的顺畅运行。

电子商务的发展对供应链管理策略、流程和工具产生了深远的影响。企业需要不断适应电子商务的发展趋势，调整供应链管理策略，优化流程和利用先进工具来提高供应链管理的效率和效果。

电子商务与供应链管理的融合，已经成为当今商业环境中不可或缺的一部分。这种融合不仅极大地提高了交易的效率和便捷性，也推动了供应链管理模式的创新和发展。电子商务的发展为供应链管理带来了新的机遇和挑战，通过电子商务平台，企业能够更快速、更准确地获取市场需求信息，从而进行更加精准的生产和库存管理。电子商务平台也提供了更加多样化的销售渠道，帮助企业扩大市场份额，提高销售额。在供应链管理方面，电子商务的引入使得供应链的透明度和可视化程度大大提高。企业能够实时追踪货物的运输状态，了解库存水平，从而作出更加及时和准确的决策。电子商务还推动了供应链管理的数字化转型，使得企业能够更加高效地管理供应链资源，降低运营成本，提高供应链的整体绩效。电子商务与供应链管理的融合也面临着一些挑战。企业需要在实践中不断探索和创新，以应对这些挑战。电子商务与供应链管理的融合是商业发展的必然趋势。通过加强电子商务与供应链管理的融合，企业可以更加高效、灵活地应对市场变化，提高竞争力。这也需要企业不断创新和探索，以应对新的挑战和机遇。未来，电子商务与供应链管理的融合将呈现出更加广阔的发展前景。

参考文献

[1] 张红梅 . 电子商务环境下物流供应链管理优化策略 [J]. 中国航务周刊，2024（6）：62-64.

[2] 李长亮，张青青 . 基于消费者信息行为的电子商务营销策略研究 [J]. 老字号品牌营销，2024（6）：24-26.

[3] 王芳 . 电子商务对市场营销的影响及策略分析 [J]. 全国流通经济，2024（6）：12-15.

[4] 陈媛媛 . 企业运营中的库存管理策略与成本控制 [J]. 造纸信息，2024（2）：108-109.

[5] 孙兰芳 . 基于大数据的内部供应链成本控制策略探究 [J]. 商讯，2021（9）：169-170.

[6] 刘丹 . 电子商务环境下物流供应链管理优化策略 [J]. 时代经贸，2023，20（10）：44-46.

[7] 李斐 . 电子商务环境下企业物流与供应链管理优化路径 [J]. 全国流通经济，2023（23）：29-32.

[8] 刘宇萌 . 电子商务发展对区域经济的影响研究 [J]. 中国集体经济，2024（3）：34-37.

[9] 贾梦 . 物供企业采购成本控制优化及供应链风险应对策略分析 [J]. 中国集体经济，2024（9）：89-92.

[10] 王奕翔 . 服务型企业可持续供应链管理战略 [J]. 今日财富，2024，（3）：141-143.

[11] 姚晓霞 . 区块链技术在生鲜农产品供应链管理中的应用 [J]. 市场周刊，2024，37（2）：32-35.

[12] 潘晓辉 . 物联网中智能传感器的实践应用 [J]. 光源与照明，2023（10）：154-156.

[13] 孙泽红 . 基于大数据技术优势的电子商务精准营销分析 [J]. 商业经济研究，2023（7）：77–79.

[14] 陆鸣，梁子婧 . 供应链管理环境下库存管理的问题研究 [J]. 物流工程与管理，2018，40（9）：41–42

[15] 朱新球 . 弹性：供应商评选的新要求——基于供应链风险管理的视角 [J]. 湖北科技学院学报，2022，42（1）：42–51.

[16] 晏子焜 . 供应链弹性研究综述 [J]. 中国储运，2024（3）：141–142.

[17] 黄伟强 . 国企供应链管理中的采购决策研究 [J]. 商展经济，2023（24）：117–120.

[18] 徐鹤 . 电子商务产业的供应链优化与风险管理研究 [J]. 产业科技创新，2024，6（1）：97–100.

[19] 邵巧颜 . 供应链中内部控制的创新与挑战 [J]. 中国集体经济，2024（12）：25–28.

[20] 肖朝英 . 电子商务环境下物流配送存在的问题及优化策略探讨 [J]. 中国管理信息化，2024，27（1）：97–100.

[21] 方云龙 . 供应链整合与供应链风险研究 [D]. 上海：华东师范大学，2012.

[22] 冯志玉 . 供应链合作伙伴关系管理研究文献综述 [J]. 合作经济与科技，2013（10）：44–46.

[23] 华湘露，胡玲玉，左岩 . 数字化战略对供应链风险管理能力的影响研究——供应链协作的中介作用与组织惰性的调节作用 [J]. 物流科技，2023，46（20）：158–163.

[24] 毛颖华 . 供应链企业知识协作与供应链质量的关系研究 [J]. 南京理工大学学报（社会科学版），2021，34（2）：12–18.

[25] 温富国 . 基于大数据的协议库存物资需求预测体系研究 [J]. 科技创新导报，2018，15（24）：181–182.

[26] 王月，李延罡 . 基于区块链技术的供应链现代化管理研究 [J]. 中国储运，2024，（5）：155–156.

[27] 王心，李欢，张书华，等 . 政府补贴下区块链投资策略与电商销售模式 [J]. 计算机工程与应用，2024，60（17）：321–330

[28] 许宁宁 . 经济新常态下的电子商务发展特点及趋势分析 [J]. 老字号品牌营销，2023（19）：43–45.

[29] 张兵，唐爱东．浅析电子商务环境下供应链协作策略的研究 [J]. 中国商贸，2011（18）：100–101.

[30] 王业祥．基于物流优化的电子商务客户满意度提升研究 [J]. 物流科技，2023，46（18）：76–79.

[31] 国务院．中共中央国务院关于加快建设全国统一大市场的意见 [Z]. 中国政府网，2022–04–10.

[32] 李庆鑫．商贸流通提升途径探讨 [J]. 商业经济研究，2019（15）.

[33] 徐鹏．互联网背景下商贸流通业转型发展研究 [J]. 商业经济研究，2019（6）.

[34] 国务院．关于推进贸易高质量发展的指导意见 [Z]. 中国政府网，2019–11–28.

[35] 卢晓婷．供应链集中度、内部控制与企业成本粘性研究：以我国制造业上市公司为例 [D]. 合肥：安徽大学，2020.

[36] 郭少英，李乃梁，郭少杰，等．闭环供应链中制造商与供应商定价策略研究 [J]. 机械设计与制造，2020（3）：289–292.

[37] 郝丰丰．新形势下沥青经销行业道路石油沥青供应成本优化方案的探索 [J]. 现代经济信息，2019（13）：352.

[38] 孙涛．关于加强生产制造企业成本核算与控制策略研究 [J]. 商业观察，2023，9（18）：33.

[39] 蔡桂金．供应链环境中的库存管理策略研究 [J]. 中国包装工业，2015（18）：90.

[40] 刘圣春，龚本刚．基于供应链管理的企业库存成本控制策略研究 [J]. 湖北文理学院学报，2012，33（8）：13.

[41] 李明．国企供应链管理中的采购决策研究 [J]. 管理科学，2019，32（5）：123–135.

[42] 张华．国企供应链管理的挑战与对策 [J]. 供应链管理，2018，25（2）：56–68.

[43] 王亮．基于供应商关系管理的国企采购决策优化研究 [J]. 中国管理科学，2017，29（3）：78–90.

[44] 杨磊．数据分析在国企供应链采购决策中的应用研究 [J]. 管理工程学报，2016，30（4）：56–68.

[45] 高峰. 国企采购决策的风险管理与优化研究 [J]. 管理科学，2015，28（2）：45-56.

[46] 刘伟. 国企供应链管理中的采购决策流程优化研究 [J]. 供应链管理，2014，21（3）：67-79.

[47] 陈晓明. 国企供应链管理中的采购决策成功案例分析 [J]. 管理工程学报，2013，27（1）：34-45.

[48] 徐凯翔. 论供应链管理下的采购成本控制 [J]. 质量与市场，2021（9）：175-176.

[49] 滕琳夏. 供应链视角下企业采购成本管理研究 [J]. 大众投资指南，2021（7）：57-158.

[50] 洪玲. 浅谈供应链管理下的采购成本控制 [J]. 当代会计，2021（2）：134-135.

[51] 史凌俊. 供应链管理模式下企业采购管理存在的问题及对策分析 [J]. 全国流通经济，2020（12）：48-49.

[52] 史萍萍，孙国强. 区块链与实体经济融合述评：知识框架与未来展望 [J]. 管理现代化，2022，42（6）：153-161.

[53] 葛丽娜，徐婧雅，王哲，等. 区块链在供应链应用中的研究现状与挑战计算机应用：1-14。

[54] 李煜鑫. 工业互联网下基于区块链技术的供应链金融模式研究 [J]. 现代商贸工业，2023，44（6）：35-37.

[55] 张策. 供应链库存控制问题的研究与应用 [J]. 科技风，2017（6）：296.

[56] 辛玉姣，张亚帆. 供应链库存管理研究综述 [J]. 河北企业，2016（4）：14-15.

[57] 卢海清. 浅析供应链库存管理的问题与对策 [J]. 中国市场，2015（50）：24-25.

[58] 孙朝阳，于升辉. 精益生产条件下的供应链库存管理 [J]. 现代国企研究，2015（22）：126.

[59] 阳川. 电子商务对区域经济发展的作用因素与机理分析 [J]. 现代商业，2023（2）：102-105.

[60] 许宁宁. 电子商务对区域经济发展的作用 [J]. 营销界，2023（2）：62-64.

[61] 王若琳 . 电子商务对区域经济发展的作用分析 [J]. 商展经济，2022（24）：125–127.

[62] 张茜 . 电商经济对区域经济差距的影响与策略研究 [J]. 中国储运，2022（11）：85–86.

[63] 李雨竹 . 电子商务发展对农村居民消费的区域性影响 [J]. 广东蚕业，2022，56（10）：107–109.

[64] 晏世琦 . 我国电子商务发展对区域经济增长的影响研究 [D]. 北京：中国社会科学院，2022.

[65] 吴晓娜 . 电子商务对区域经济发展的作用 [J]. 商展经济，2022（7）：58–60.